多読多聴の韓国語

やさしい韓国語で読む 韓国の昔ばなし

韓国語学習ジャーナルhana編集部 編

本書は、2013 年 1 月に発売された『多読多聴の韓国語 対訳韓国の古典』の内容に、新たに書き下ろした内容を加えたものです。

◯ 音声ダウンロードのご案内

本書の音声は、小社ウェブサイト(https://www.hanapress.com)からダウンロード可能です。トップページ右の「ダウンロード」バナーから該当ページに移動していただくか、右記 QR コードからアクセスしてください。

はじめに

外国語が上達するために大事なことの一つは、その言語に多く接することです。しかし、多くの外国語学習者にとって、その言葉に多く接する機会を作るのは大変なこと。でもそれを可能にする方法が多読、つまり自分のレベルに合った作品・素材を多く読むことです。

韓国語学習においても、多読は確実に有効な学習方法ですが、問題は素材が不足していることでした。そこで小社では、2012年に「多読多聴の韓国語」というシリーズを発行しましたが、その改訂を行った2作目が『やさしい韓国語で読む韓国の昔ばなし』です。本書は、前作「韓国の古典」編に掲載された作品に加えて、新たに6作品を書き下ろし、全14作品を収録いたしました。これらの物語はどれも、韓国で生まれ育った人なら聞いたことのあるものばかりです。韓国の文化を深く知るための題材としても、有効に活用できるでしょう。

本書では、前半は4級合格レベル、後半は3級合格レベルといった具合に、「ハングル」能力検定試験の出題レベルに沿った語彙と文法を主に使用しています。ですので、初級、初中級レベルの人でも、本書の韓国語の文章を負担なくスムーズに読み進められるはずです。

一つの教材・素材を徹底的に使い尽くすことも外国語学習の大事なコツですが、本シリーズには、本場のプロの声優による朗読音声が付いており、リスニング練習、音読やシャドーイングなどの練習にも活用できます。この本を通じて、韓国語で直接作品を読む楽しみを味わうとともに、韓国語の基礎をみっちり鍛えていただければ幸いです。

編者

目　次

第2章　061

本書の特徴

1　韓国の昔ばなしを、すぐ読み終えられる長さに再構成

本書では、韓国の昔ばなしを、韓国語学習者がすぐに読み終えられる長さに再構成しました。原文のストーリーが十分把握できるよう配慮しています。

2　「ハングル」能力検定試験に準拠した やさしい語彙・文法で書かれた文章

本書の作品は、「ハングル」能力検定試験（ハン検）の出題語彙リストに沿って単語を制限して書かれています。第1章では初級レベルに当たる4・5級の語彙・文法が、第2章では3級までの語彙・文法が主に使われています。それより上のレベルの語彙や文法には注を付けました。

3　発音変化が起きる箇所には、発音をハングルで表示

韓国語の発音変化は学習者にとってはなかなかの難関です。本書の文章で発音変化が起きる部分には、ハングルの発音表記を添えることで発音変化を把握しやすくしました。

※単純な連音化と-습니다などの頻出語形の発音変化（第1章）、ハン検5級レベルの発音変化（第2章）の表示は割愛しました。

4　プロの声優による丁寧な音声。多様な学習法に活用が可能

本書のCDには、韓国人の声優がゆっくり丁寧に読み上げた音声が収録されており、初級学習者のリスニングに最適です。また、次項で述べるような多様な練習にも活用ができます。

本書の使い方と学習法

本書はリーディングのための素材集として作られましたが、リスニングや音読、シャドーイング、リピーティングなど多様な練習にもご活用いただけます。以下に、効果的な学習の流れと、それぞれの詳しい方法について紹介していきます。

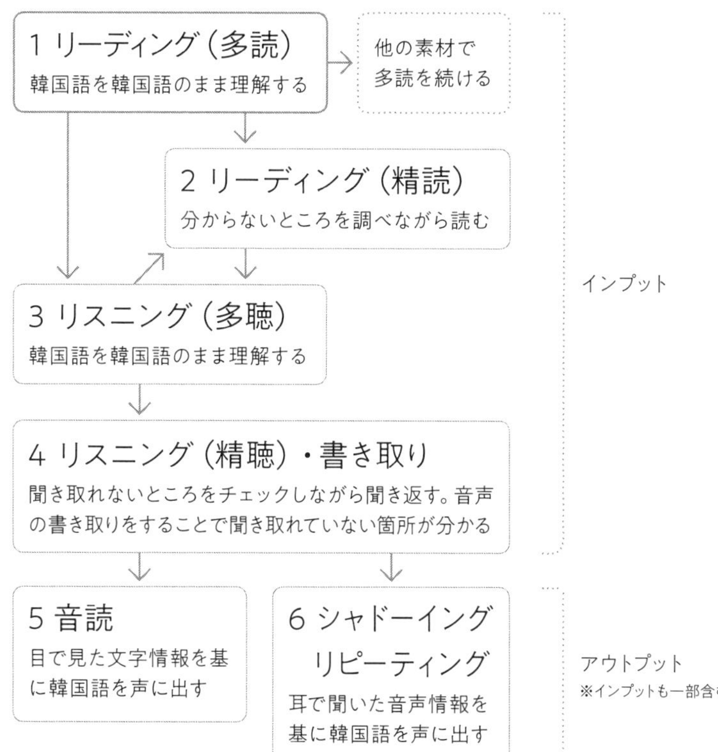

1 リーディング（多読）

外国語学習における多読とは、その言語で書かれた多くの文章を読むこと。しかもなるべく日本語の助けを借りずに読むということです。本書のようなやさしい素材から始め、徐々にレベルを上げながら一定量の韓国語を消化していけば、次第に韓国語で読書を楽しめるようになり、結果として韓国語の実力も付く好循環が起きます。以下に多読をうまく行うためのポイントを幾つか記します。

① 全体を読んで、だいたいを把握する。

対訳を見ずに、全体の内容や筋書きをつかむように、韓国語の文章を読み進めます。分からない箇所があっても止まらず、話の流れを推測しながら読み進めます。

② 分からない単語や表現の意味を予想する。

分からない単語や表現があっても、なるべく辞書を引かずに読み進めます。読み進めるうちに分かってくることもありますが、何度も出てくるのに意味をつかめなかったり、その単語が分からないがためにどうしても話の流れを理解できなかったりするときに、対訳や注、さらには辞書で確認するようにしましょう。

③ 読めそうなものから始めて、読めそうもない素材は諦める。

本書に収められた作品の中から、知っている物語、興味のある物語、簡単そうに見える物語を選んで読むといいです。さっぱり内容が分からない文章は、無理して読まずに、他の作品に移ります。韓国語能力が足りなくて理解できない場合もそうですが、背景知識や興味のない素材と無理に格闘する必要もありません。

④ とにかく1編読み切り、次の作品に挑戦して、成功体験を積み重ねる。

1編読み終えたら、1冊、さらには別の本といった具合に、より多くの作品に挑戦していきましょう。読了できた文章が増えれば増えるほど、自信になり、読むことも楽になります。いつの間にか韓国語の理解力が育ち、自然と単語や文法表現も身に付くでしょう。日本語を介在させずに韓国語の文章を読んでいるということ自体、学習者にとって素晴らしいことですし、多読が勉強でなく、楽しみになればしめたものです。

2 リーディング（精読）

多読のやり方で素材を一通り読み終えたら、次に分からないところを細かく確認しながら同じ素材を読むのもいい方法です。さらに上のレベルを目指す人は、文を正確に読んで理解する読み方にも時間をかける必要があるからです。後に述べる音読やシャドーイングなどの練習を行うためにも、この作業は必要となります。

まず、どこが分からないのか、知らない単語・表現はないかなどをチェックしながら、全体を読み進め、次に対訳や注を見て、さらには辞書や文法書を開いて、分からない箇所を調べます。調べた単語や文法、表現などを本に書き込んだり、単語帳やノートを作ったりしながら進めるのもいいでしょう。書くことで記憶に定着しやすくなり、復習も容易になります。

3 リスニング（多聴）

1や2を終えたら、ぜひ付録のCDを聞き取りに活用してください。まずは音声を聞き流して作品を楽しむ、あるいは韓国語の音に慣れるところからでもいいです。学習のためには同じ作品を何度も繰り返し聞くのが効果的です。まず最初は本を見ずに全体を把握するように聞き、その後で本を見ながら聞くことをおすすめします。

4 リスニング（精聴）・書き取り

リスニング能力を意識的に育てるためには、漫然と音を聞くのではなく、集中して聞く必要があります。1、2文ずつ音声を止めながら聞き取り、聞き取れなかった部分を本で確認して、また聞いてみます。

特に効果的なのは書き取り（ディクテーション）を行うことです。やはり、1、2文ずつ音声を再生し、聞いた音声をノートなどに書き取っていきます。一度で全て書き切れないので、音声を何回か再生することになりますが、5回聞いて聞き取れなかった箇所はそれ以上聞いても聞き取れないものです。なので適度な回数聞いたら次の文に移ります。書き取った韓国語は、元の文章と照らし合わせて答え合わせを行います。こうすることで、聞き取れていない箇所、自分の弱点が明確になります。

5 音読

音読とは、韓国語で書かれた文章を自分で声に出して読み上げることです。CDの音声のように発音できることを目標に、作品を声に出して読む練習を何度も繰り返します。こうすることで滑らかな発音だけでなく、発話力も身に付きます。より効果的な音読をするために、以下の点に注意してください。

① 内容を理解している素材で行う。

まず大事なのは、十分に理解できている素材で音読を行うことです。何が書かれているのかきちんと把握した素材を使い、その内容を目の前にいる相手に伝えるくらいの意識で音読しましょう。

② 音声を聞いて参考にする。

正しくない発音や抑揚で練習を繰り返すことは、後々矯正が難しい癖が身に付くことにもつながります。必ずCDの模範音声をお手本に音読練習を行いましょう。自分の声を録音してCDの音声と聞き比べるのも一つの手です。

③ はっきりした声で、口を大きく動かして練習する。

韓国語には日本語にない発音があり、その発音には日本語で普段使わない口の動きを使います。相手に伝わる韓国語を身に付けるには、普段の練習から大きな発声を心掛け、大げさなくらいに口を動かして発音するとよいです。

6 シャドーイング・リピーティング

シャドーイングは、音声を聞きながらその音を追い掛けるように声に出していく練習です。リピーティングは、音声を1文ずつ再生し、聞き終わったら同じように一気に発音する練習です。どちらも通訳者が普段のトレーニングとして行っている学習方法ですが、平易な素材さえあれば、初級レベルの学習者でも十分に挑戦することができます。耳で聞いた発音や抑揚をまねて、一字一句間違えないように発音する練習を積み重ねれば、練習した部分を見本の音声のように話せるようになります。原則どちらもテキストを見ずに行いますが、それが難しい場合、テキストを見て行ってもいいでしょう。

第1章

ハン検4級レベル

1　アマガエルのお話

2　トラと干し柿

3　仙女ときこり

4　トッケビの帽子

5　コンジとパッチ

6　お日さまとお月さま

1 청개구리 이야기

TR01

1 옛날[옌날] 옛날에 엄마 말을 너무 안 듣는[드는] 청개구리가 있었어요. 청개구리는 무엇**이든 반대**로 했지요[핸찌요]. 엄마가 이쪽으로 **오라고** 하면 저쪽으로 가고, 저쪽으로 가라고 하면 반대쪽으로 갔어요. **위험하니**[위허마니] **가지 말라고** 하면 꼭 **가지 말라는** 쪽으로 가는 것이었어요.

2 "**얘야**, 말 좀 **들어라**." 엄마가 이렇게[이러케] 말하면[마라면] "싫어요[시러요]."라고 했습니다.

3 엄마가 "이제 **그만** 자라."라고 하면, 대답은 "싫어요. **놀 거예요**[놀 꺼에요]."였고, "밥 먹어[밤 머거]."라고 하면 "안 먹어요."라고 했어요.

アマガエルのお話

アマガエルが雨の日に鳴く理由について描いた、日本や中国でもおなじみの物語。

1 昔々、母親の言うことを全然聞かないアマガエルがいました。アマガエルは、何であれ反対のことをやりました。母親がこっちに来いと言えばあっちに行き、あっちに行けと言えば反対側に行きました。危ないから行くなと言うと必ず行くなと言った方に行くのでした。

2「まったく、言うことを聞きなさい」母親がこう言うと「嫌です」と答えました。

3 母親が「もう寝なさい」と言うと答えは「嫌です。遊びます」であり、「ご飯を食べなさい」と言うと「食べません」と言いました。

청개구리 (青---) : アマガエル

1 **~이든** : ~でも　**반대** : 反対　**-라고** : ~しろと　**위험하다** : 危険だ　**-니** : ~なので　**-지 말라고** : ~するなと　**-지 말라는** : ~するなという。-지 말라고 하는の縮約形

2 **애야** : 이 애の縮約形の애に呼び掛けの助詞~야が付いた形。親しい目下への呼び掛けとしてよく用いられる　**-어라** : ~しなさい、~しろ

3 **그만** : それくらいにして (~しなさい)。命令形と共に用いる。文脈によって、「~するのをやめなさい」という正反対の意味にもなる　**-ㄹ 거다** : ~しようと思う

4 말 안 듣는 청개구리 때문에 엄마는 **결국** 병이 났어요. 시간이 흘러도 병은 **나아지지** 않았고[아낟꼬], **오히려** 더욱 **나빠졌어요**[나빠저써요].

5 엄마는 시간이 **없다고**[업따고] 생각했어요[생가캐써요]. 청개구리를 불러서 마지막으로 부탁했어요[부타캐써요].

6 "얘야, 내가 **죽거든**[죽꺼든] 산**에다** **묻지**[묻찌] 말고, 꼭 **냇가**[낻까]에 **묻어야 한다**."

7 엄마는 이 말을 남기고 죽었어요. **엉엉 울던** 청개구리는 자신이 너무 말을 안 들어서 엄마가 죽은 것이라 생각했어요.

8 "내가 너무 말을 안 들어서 엄마가 돌아가셨어. 이번에는 꼭 엄마 말을 들어야 해." **하면서** 엄마가 남긴 말**대로** 냇가에 묻었어요.

9 "엄마, 내가 엄마 말을 들었어요. 이번에는 달라요."라고 하면서 기뻐했습니다.

4 言うことを聞かないアマガエルのせいで母親はついに病気になりました。時間が流れても病気は良くならず、かえってより悪くなりました。

5 母親は時間がないと思いました。アマガエルを呼んで最後に頼みました。

6「私が死んだら山に埋めず、必ず川辺に埋めなさい」

7 母親はこの言葉を残して死にました。わんわん泣いていたアマガエルは、自分が全然言うことを聞かないから母親が死んだのだと思いました。

8「僕があまりにも言うことを聞かなくてお母さんが亡くなったんだ。今回は必ずお母さんの言うことを聞かないと」と言いながら母親が残した言葉通り、川辺に埋めました。

9「お母さん、僕、お母さんの言うことを聞きました。今回は違います」と言いながら喜びました。

---

4 **결국**：結局、ついに　**나아지다**：(病気が)良くなる、治る　**오히려**：かえって、むしろ、逆に　**나빠지다**：悪くなる

5 **-다고**：～だと

6 **-거든**：～したら　**~에다**：～に。助詞の～에と～다が合わさった形。～다は～다가の縮約形　**묻다**：埋める　**냇가**：川辺　**-어야 하다**：～しなければいけない、～しないといけない

7 **엉엉**：わんわん　**-던**：～していた

8 **-면서**：～しながら　**~대로**：～の通りに

10 그런데 비가 내리면 청개구리는 **불안했어요**[부라내써요]. 엄마 **무덤**이 비에 **떠내려갈까 봐** 걱정[걱쩡]이 되어서이지요. 그래서 비가 올 때면 청개구리는 더 **크게** 울었어요.

11 그런데 사실 엄마는 무엇이든 반대로만 하는 청개구리가 자신을 산에 묻어 **주기를 바라는** 마음이었다고[마으미얻따고] 하네요.

10 ですが、雨が降るとアマガエルは不安でした。母親の墓が雨に流されるんじゃないかと心配になるからです。そのため、雨が降るたびにアマガエルはより大きく鳴きました。

11 ところが、実は母親は何であれ反対のことばかりするアマガエルが自分を山に埋めることを望んでいたそうです。

10 **불안하다** : 不安だ　**무덤** : 墓　**떠내려가다** : 流されていく　**-ㄹ까 봐** : ～するかと思って、～するかと心配で　**-게** : ～く

11 **-기를 바라다** : ～することを望む、～してほしい

2 호랑이와 곶감

TR02

1 어느 날 밤 호랑이 한 마리가 **마을**에 내려왔어요. 이 집 저 집 **돌아다니던** 호랑이는 어린아이가 우는 어떤 집 앞에 섰어요. 엄마가 아이를 **달래는** 소리가 들렸어요.

2 "호랑이 왔다[왇따]. **울지 마**."

3 아이는 **그래도** 울었어요. 호랑이가 **왔다는데도** **아무렇지**[아무러치] **않은**[아는] 아이가 **있다니**[읻따니], 호랑이는 속으로 **이상하다고** 생각했어요[생가캐써요].

4 '안 **무서워**? 내가?'

5 그런데 엄마가 "곶감이다[곧까미다], 곶감."이라고 **하자**, 아이는 **울음**을 **뚝** **그쳤어요**[그처써요]. 호랑이는 곶감이 **자신**보다 무서운 **놈**이라고 생각했어요.

トラと干し柿

干し柿を自分より怖い存在だと勘違いして逃げ惑う、間抜けなトラの物語。

1 ある日の夜、1頭のトラが村に下りてきました。この家あの家と歩き回っていたトラは、幼い子が泣く家の前に立ちました。母親が子どもをあやす声が聞こえました。

2「トラが来た。泣かないで」

3 子どもはそれでも泣きました。トラが来たというのに何ともない子どもがいるなんて、トラは内心変だと思いました。

4「怖くないのか？ 俺が？」

5 ですが、母親が「干し柿だ、干し柿」と言うと、子どもはぴたっと泣きやみました。トラは干し柿が自分より怖いやつだと思いました。

호랑이（虎狼-）：トラ　**곶감**：干し柿

1 **마을**：村　**돌아다니다**：歩き回る　**-던**：～していた　**달래다**：なだめる、あやす

2 **-지 마**：～するな、～しないで

3 **그래도**：それでも　**-다는데도**：～したと言っているのに。-다고 하는데도の縮約形　**아무렇지 않다**：何ともない　**-다니**：～だなんて　**-다고**：～だと

4 **무섭다**：怖い

5 **-자**：～するや、～するや否や　**울음**：泣くこと。울다（泣く）から派生した名詞
뚝：ぴたっと　**그치다**：やむ、やめる　**자신**（自身）：自分　**놈**：やつ

6 이때 **도둑**이 들어와 호랑이 등에 **올라탔어요**. 도둑은 호랑이를 소라고 **착각해**[착까캐] **훔쳐**[훔처] **가려고 했던**[핻떤] 것이었어요. 호랑이는 '**이놈**이 곶감**인가**?' **하면서 죽을힘**을 **다해** 달렸어요. 도둑도[도둑또] 자신이 소가 아닌 호랑이를 타고 **있다는** 사실에 **깜짝** 놀랐어요. 호랑이는 곶감이 무서워 더 빨리 달렸고[달렫꼬], 도둑은 떨어지면 **죽을 것이라는**[주글 꺼시라는] 생각에 호랑이 등에 더 **꼭** 붙어 있었어요. 날이 **밝아지도록**[발가지도록] **쉴 새**[쉴 쌔] **없이**[업씨] 달린 호랑이는 **그만 지쳐서**[지처서] **쓰러졌어요**[쓰러저써요]. 도둑은 빨리 **숨었어요**.

7 그때 호랑이에게 **곰** 한 마리가 **다가왔어요**. 호랑이는 곰에게 곶감이라는 무서운 놈**에 대해** 이야기했어요. 곰이 웃었어요.

6 この時泥棒が入ってきて、トラの背に乗りました。泥棒はトラをウシと勘違いして盗もうとしていたのでした。トラは「こいつが干し柿か？」と考えながら死力を尽くして走りました。泥棒も自分がウシではなくトラに乗っているという事実に驚きました。トラは干し柿が怖くてもっと速く走り、泥棒は落ちると死ぬだろうと思ってトラの背中によりぎゅっとくっついていました。夜が明けるまで休みなく走ったトラは疲れて倒れました。泥棒は素早く隠れました。

7 その時、トラに１頭のクマが近づいてきました。トラはクマに干し柿という怖いやつについて話しました。クマは笑いました。

---

6 **도둑**：泥棒　**올라타다**：上に乗る、またがる　**착각하다**（錯覚--）：勘違いする　**훔치다**：盗む　**-려고 하다**：～しようとする　**이놈**：こいつ　**-ㄴ가**：～なのか　**-면서**：～しながら　**죽을힘**：必死の力、ありったけの力　**다하다**：尽くす　**-다는**：～だという。-다고 하는の縮約形　**깜짝**：急に驚く様子　**-을 것이다**：～するはずだ　**-라는**：～だという。-라고 하는の縮約形　**꼭**：ぎゅっと、固く　**밝아지다**：明るくなる。밝다（明るい）に変化を表す-아지다が付いた形　**-도록**：～するように、～するほど、～するまで　**-ㄹ 새 없이**：～する間もなく　**그만**：思わず、仕方なく　**지치다**：疲れる　**쓰러지다**：倒れる　**숨다**：隠れる

7 **곰**：クマ　**다가오다**：近づいてくる　**~에 대해**（- 対-）：～について

8 “에이, 그건 사람이야. 우리 **그놈**을 **잡아먹자**[자바먹짜].”

9 곰이 도둑**을 향해** 다가왔어요. 도둑은 무서워서 **오들오들 떨었어요**. 그렇지만[그러치만] **이대로 죽을**[주글] **수**[쑤]**만은 없었어요**. 곰이 도둑에게 **가까이** 왔을 때 가장 약한[야칸] **그곳**을 아주 **세게 잡아당겼어요**. 그곳을 **잡힌**[자핀] 곰은 **결국** 죽었어요. 이 **모습**을 본 호랑이는 ‘역시[역씨] 곶감은 무서워!’라고 생각하면서 열심히[열씨미] **도망을 갔어요**.

8「おい、それは人だ。俺たちはそいつを取って食おう」

9 クマが泥棒に向かって行きました。泥棒は怖くてぶるぶる震えました。ですが、このまま死ぬわけにはいきませんでした。クマが泥棒の近くに来た時、最も弱いあそこをとても強く引っ張りました。あそこをつかまれたクマは最後には死にました。その姿を見たトラは「やはり干し柿は怖い！」と思って一生懸命逃げました。

---

8 **그놈**：そいつ、あいつ　**잡아먹다**：取って食う　**-자**：～しよう

9 **～을 향해** (– 向–)：～に向かって　**오들오들**：ぶるぶる　**떨다**：震える　**이대로**：このまま　**-을 수만은 없다**：～することだけはできない。-을 수 없다に～만と～은を合わせた形　**가까이**：近く　**그곳**：あそこ　**세다**：強い　**-게**：～く　**잡아당기다**：引っ張る　**잡히다**：つかまれる、捕まる　**결국**：結局、ついに、最後には　**모습**：姿　**도망을 가다** (逃亡– --)：逃げる。도망가다の形でも用いる

3 선녀와 나무꾼

TR03

1 옛날[옌날] **한 마을**에 어머니와 둘**이** 사는 나무꾼이 있었어요. 어느 날 나무꾼은 **사냥꾼**에게 **쫓기던**[쫃끼던] **사슴** 한 마리를 **구해** 주었어요. 사슴이 **고마워하며** 선녀들이 목욕하는 **연못**을 알려 주었어요. 나무꾼은 선녀들이 벗어 놓은[노은] 옷들[옫뜰] 중에서 하나를 **감추었어요**. 목욕을 마친 다른 선녀들이 하늘로 **올라가는데** 옷이 없는[엄는] 한 선녀는 **훌쩍훌쩍** 울었어요. 이때 나무꾼이 나타나 그 선녀를 집으로 **데려갔어요**. 선녀와 나무꾼은 결혼해[겨로내] **사이좋게**[사이조케] 살았어요.

2 **세월**이 흘러 두 사람은 두 명의 아이를 **낳았어요**[나아써요]. 선녀는 **착하고**[차카고] **상냥했지만**[상냥핻찌만] **가끔씩** **하늘나라**[하늘라라]를 그리워했어요.

仙女ときこり

空から下りてきた仙女ときこりの出会いと別れを描いた物語。韓国だけでなく、アジアの広い地域で語り継がれている。

1 昔、ある村に母親と二人で暮らすきこりがいました。ある日、きこりは猟師に追われていた1匹の鹿を助けてやりました。鹿は感謝し、仙女が沐浴する池を教えてやりました。きこりは仙女が脱いだ服のうち、一つを隠しました。沐浴を終えた他の仙女が天に昇っていきますが、服のないある仙女はしくしくと泣きました。この時、きこりが現れてその仙女を家に連れていきました。仙女ときこりは結婚して仲良く暮らしました。

2 歳月が流れ、二人は子どもを2人産みました。仙女は優しくにこやかでしたが、時々天の国を恋しがりました。

선녀：仙女　**나무꾼**：きこり

1 **한**：とある　**마을**：村　**～이**：～人で　**사냥꾼**：猟師　**쫓기다**：追われる　**-던**：～していた　**사슴**：鹿　**구하다**（救--）：救う、助ける　**-며**：～しながら　**연못**（蓮-）：池　**감추다**：隠す　**-는데**：～するが、～しているが　**훌쩍훌쩍**：すすり泣く様子。しくしく、めそめそ　**데려가다**：連れていく　**-게**：～く、～に

2 **세월**：歳月、長い年月　**낳다**：産む　**착하다**：優しい　**상냥하다**：にこやかだ、穏やかだ　**가끔씩**：時折、時たま　**하늘나라**：天の国、天国

3 “제가 **이곳**에서 벌써 두 아이를 낳았습니다. 이제 어디 **갈 수도**[갈 쑤] **없으니**[업쓰니] 제 옷을 보여 주세요.” 선녀에게 미안했던[미아낻떤] 나무꾼은 옷을 **갖다주었어요**[갇따주어써요]. 선녀는 **그리움**과 **기쁨**이 **가득한**[가드칸] 얼굴로 옷을 입었어요. **그러고는** 두 아이의[아이에] 손을 양쪽에 잡고[잡꼬] 하늘로 **날아 올라가 버렸어요**.

4 슬퍼하는 나무꾼에게 다시 그 사슴이 찾아왔어요. 연못을 다시 찾아가면 하늘에서 **두레박**이 **내려올 것이라고**[내려올 꺼시라고] 했어요. 나무꾼은 사슴의 말**대로** 연못으로 가 하늘에서 내려오는 두레박을 탔어요. 하늘에 **올라가자** 아내와 아이들이 기다리고 있었어요.

3「私はここですでに子どもを2人産みました。もうどこにも行けないので私の服を見せてください」仙女に申し訳なかったきこりは服を持ってきてやりました。仙女は恋しさと喜びいっぱいの顔で服を着ました。そして、子ども2人の手を両側に握って天に昇ってしまいました。

4 悲しむきこりに、あの鹿が再び訪ねてきました。池をもう一度訪ねれば天からつるべが下りてくるだろうと言いました。きこりは鹿の言葉通り池に行き、天から下りてくるつるべに乗りました。天に昇ると、妻と子どもたちが待っていました。

---

3 **이곳**：ここ　**-ㄹ 수도 없다**：～することもできない。-ㄹ 수 없다に～도を合わせた形　**-으니**：～なので　**갖다주다**：持ってきてあげる。가져다주다の縮約形　**그리움**：恋しさ。그립다（恋しい）から派生した名詞　**기쁨**：喜び。기쁘다（うれしい）から派生した名詞　**가득하다**：いっぱいだ、満ちている　**그러다**：そうする　**-고는**：～して、～してから　**날다**：飛ぶ　**-아 버리다**：～してしまう

4 **두레박**：つるべ　**-ㄹ 것이다**：～するはずだ　**～대로**：～の通りに　**-자**：～するや、～するや否や

5 나무꾼은 **행복했지만**[행보캗찌만] 혼자 계신[게신] 어머니가 걱정되었어요[걱쩡되어써요]. **그러자** 아내가 하늘의 **말**을 타고 집으로 가서 어머니를 **만나라고** 했어요. "무슨 일이[무슨 니리] 있어도 말에서 내리지 마세요. 발이 **땅**에 **닿으면**[다으면] 안 됩니다."라고 주의[주이]를 주었어요. 말을 타고 집으로 돌아온 나무꾼은 어머니를 만났어요. 어머니는 아들이 좋아하는[조아하는] **죽**을 **끓여**[끄려] 주었어요. 나무꾼이 말에서 내리지 않고[안코] 죽을 **먹다가**[먹따가] 말 등에 **흘리고 말았어요**. 말이 너무 **뜨거워 펄쩍** 뛰었어요. 나무꾼은 땅으로 떨어졌고[떠러젇꼬], 말은 그대로 하늘로 올라가 버렸어요.

6 닭으로[달그로] **변한**[벼난] 나무꾼은 아침**마다** 하늘**을 향해** 울었어요.

5 きこりは幸せでしたが、一人でいる母親が心配になりました。すると、妻が天の馬に乗って家に行き、母親に会うように言いました。「何があっても馬から下りないでください。足が地面に着いたらいけません」と注意をしました。馬に乗って家に戻ったきこりは母親に会いました。母親は息子が好きなおかゆを作ってやりました。きこりは馬から下りずにおかゆを食べていましたが、馬の背中にこぼしてしまいました。馬はとても熱くてぴょんと跳ねました。きこりは地面に落ち、馬はそのまま天に昇ってしまいました。

6 鶏に変わったきこりは毎朝天に向かって鳴きました。

---

5 **행복하다** (幸福--)：幸せだ　**그러자**：すると　**말**：馬　**-라고**：～しろと、～しなさいと　**땅**：地面　**닿다**：届く、触れる　**죽**：かゆ　**끓이다**：沸かす、(沸かした水で料理を)作る　**-다가**：～していて　**흘리다**：流す、こぼす　**-고 말다**：～してしまう　**뜨겁다**：熱い　**펄쩍**：飛び跳ねる様子。ぴょんと

6 **변하다** (変--)：変わる　**～마다**：～のたびに　**～을 향해** (- 向-)：～に向かって

4 도깨비 감투

TR04

1 어느 **마을**에 **가난한** 한 남자가 아내와 둘**이** 살
[가나난]
았습니다. 남자는 **나무를 하기 위해서 부지런히** 산
[부지러니]
에 다녔습니다. 그날도 산에 **갔는데 그만** 날이 **어**
[간는데]
두워지고 말았습니다. 길을 잃은 남자는 사람이
[이른]
살지 않는 집을 **발견하고** 들어갔습니다. 남자는
[안는] [발겨나고]
방 안 **한쪽**의 **병풍** 뒤에서 잠을 잤습니다.
[한쪼게]

2 그런데 갑자기 **웅성웅성 시끄러운** 소리가 났습
[갑짜기]
니다. **가만히** 들어 **보니** 도깨비들 같았습니다. 남
[가마니]
자는 **들키지** 않으려고 **꼼짝**도 하지 않고 가만히
[아느려고] [꼼짝또] [안코]
있었습니다. 밖에서 "꼬끼오!" 하고 닭이 울었습
[달기]
니다. **그러자** 도깨비들이 **서둘러** 집을 **빠져나갔습**
[빠저나갈씀
니다. **조용해졌을** 때 남자가 나와 보니 감투 하나
니다] [조용해저쓸]

トッケビの帽子

身に付けると体が見えなくなる不思議な帽子にまつわる物語。

1 ある村に貧しい一人の男が妻と二人で暮らしていました。男は木を切るためにまめに山に通いました。その日も山に行きましたが、うっかり日が暮れてしまいました。道に迷った男は、人が住んでいない家を発見して入りました。男は部屋の中の片隅のびょうぶの後ろで眠りました。

2 ところが、急にざわざわうるさい音がしました。じっと聞いてみると、お化けたちのようでした。男は見つからないようにぴくりともせずじっとしていました。外で「コケコッコー！」と鶏が鳴きました。すると、お

도깨비：トッケビ。韓国の民話に登場するお化け　**감투**：馬のたてがみで作った帽子

1 **마을**：村　**가난하다**：貧乏だ、貧しい　**～이**：～人で　**나무를 하다**：木を切って生計を立てる　**-기 위해서**(- 為--)：～するために　**부지런히**：まめに、真面目に　**-는데**：～するが　**그만**：うっかり、つい　**어두워지다**：暗くなる。어둡다（暗い）に変化を表す-어지다が付いた形　**-고 말다**：～してしまう　**발견하다**：発見する　**한쪽**：一方、片側、片隅　**병풍**（屛風）：びょうぶ

2 **웅성웅성**：ざわめく様子。ざわざわ　**시끄럽다**：うるさい、騒がしい　**가만히**：じっと　**-니**：～すると　**들키다**：見つかる、ばれる　**꼼짝**：身じろぎ。꼼짝하지 않다（꼼짝 않다）で「身じろぎしない」という意味　**그러자**：すると

가 **놓여** [노여] 있었습니다. 남자는 감투를 들고 집으로 돌아갔습니다.

3 "이게 어디서 났어요?" 아내가 물었습니다. "도깨비들이 잃어버리고 [이러버리고] **갔지**. [갇찌]" 남자가 답했습니다. [다팯씀니다] "어디 한번 써 볼까?" 남자가 **말하면서** [마라면서] 감투를 썼습니다. 아내가 **깜짝** 놀라 [깜짱 놀라] **소리쳤습니다**. [소리철씀니다] "**에구머니**, 어디 갔어요? **당신**이 안 보여요." 남자는 감투를 쓰면 **자신**이 안 **보인다는** 것을 **알게 되었습니다**.

4 남자는 매일 감투를 쓰고 밖에 나가 물건을 **훔** [훔

化けたちが急いで家を出ていきました。静かになった時、男が出てみると帽子が一つ置かれていました。男は帽子を持って家に帰りました。

3「これはどこで手に入れたのですか？」妻が聞きました。「お化けたちが忘れていったんだ」男が答えました。「どれ、一度かぶってみようか？」男が言いながら帽子をかぶりました。妻は驚いて声を上げました。「あら、どこに行ったんですか？　あなたが見えません」男は帽子をかぶると自分が見えないということを知りました。

4 男は毎日帽子をかぶって外に出て物を盗みました。服、履物、おいし

서두르다：慌てる、急ぐ　**빠져나가다**：抜け出ていく、出ていく　**조용해지다**：静かになる。조용하다（静かだ）に変化を表す-어지다が付いた形　**놓이다**：置かれる

3 **-지**：〜するんだ、〜するんだよ　**-면서**：〜しながら　**깜짝**：急に驚く様子　**소리치다**：声を上げる、叫ぶ　**에구머니**：まあ、なんと　**당신**（当身）：あなた、自分　**자신**（自身）：自分　**-ㄴ다는**：〜するという。-ㄴ다고 하는の縮約形　**-게 되다**：〜するようになる。알게 되다は「分かる、気付く」に相当する

4 **훔치다**：盗む

쳤습니다첟씀니다]. 옷[옫], 신, 맛있는[마신는] 것 등[걷 뜽] 눈에 보이는 좋은[조은] 것은 **전부** 남자의 것이 되었습니다. 물건이 **저절로** 혼자 **둥둥 떠서 사라지는** 것을 보면서 사람들은 도깨비가 **나타났다며**[나타낟따며] 무서워했습니다. 남자는 기분이 좋아 더 많은[마는] 것을 훔쳤습니다.

5 하루는 감투를 쓰고 걷고[걷꼬] 있는데[인는데], **어디선가 불씨**가 **날아와** 감투에 **톡** 떨어졌습니다[떠러젿씀니다]. 때문에 감투가 **타서 구멍**이 났습니다. 남자의 아내가 구멍에 **빨간 천**을 **대** 주었습니다. 이후부터 사람들은 빨간 천이 **지나가면** 물건이 사라지는 것을 보게 되었습니다.

6 빨간 천이 다시 나타났을 때 '이때다!' 하는 사람들이 모두 빨간 천을 **향해 달려들었습니다**. 감투가 **벗겨지고**[벋껴지고] 남자의 **모습**이 보였습니다. 사람들이 남자를 **실컷**[실컨] **때려** 주었습니다.

い物など、目に見えるいい物は全部男のものになりました。物がひとりでにふわふわ浮いて消えるのを見て、人々はお化けが出たと怖がりました。男は気分が良くてもっとたくさん盗みました。

5 ある日、帽子をかぶって歩いていたら、どこからか火の粉が飛んできて帽子にぽんと落ちました。そのため、帽子が燃えて穴が開きました。男の妻が穴に赤い布を当てました。その後、人々は赤い布が通ると物が消えるのを見るようになりました。

6 赤い布が再び現れた時、「今だ！」と人々が皆赤い布に向かって飛び掛かりました。帽子が脱がされ、男の姿が見えました。人々は男を思い切り殴りました。

---

4 **전부**：全部　**저절로**：自然に、おのずと　**둥둥**：水に浮かぶ様子。ぷかぷか　**뜨다**：浮く　**사라지다**：消える　**-다며**：～すると言いながら。-다고 하며の縮約形

5 **어디선가**：どこからか　**불씨**：火の粉　**날아오다**：飛んでくる　**톡**：ぽとりと　**타다**：燃える　**구멍**：穴　**빨갛다**：赤い　**천**：布　**대다**：当てる　**지나가다**：通り過ぎる

6 **～을 향해**（-向-）：～に向かって　**달려들다**：飛び掛かる　**벗겨지다**：脱げる。벗기다（脱がす）に受身を表す-어지다が付いた形　**모습**：姿　**실컷**：思い切り　**때리다**：殴る

5 콩쥐 팥쥐

TR05

1 옛날 옛날에 콩쥐**라는 여자아이**가 살았습니다.
[옌날]
콩쥐의 엄마는 콩쥐가 어릴 때 병으로 죽었습니다.
[콩쥐에]
아버지는 팥쥐라는 여자아이의 엄마와 다시 결혼
[팓쮜] [겨로
했습니다. 팥쥐의 엄마는 두 딸을 아주 **다르게 키**
낻씀니다]
웠습니다. 팥쥐는 언제나 좋은 옷을 입고 맛있는
[조은] [입꼬] [마신는]
것을 먹으며 기분 좋게 놀았지만, 콩쥐는 일만 열
[조케] [노랃찌만] [열
심히 **해야 했습니다**.
씨미]

2 하루는, **새어머니**가 팥쥐만 **데리고 잔치**에 **가면서**
콩쥐에게는 **벼**를 모두 **찧고**, **독**에 물을 **채우라고**
[찌코]
말했습니다. 그 일을 모두 **끝내기 전에**는 잔치에
[마랟씀니다] [끈내기]
오지 말라고도 했습니다.

コンジとパッチ

継母と連れ子の妹にいじめられ命を落としたコンジが、天の助けで生き返り、継母と連れ子を懲らしめるという物語。

1 昔々、コンジという女の子がいました。コンジの母親はコンジが小さい頃、病気で死にました。父親は、パッチという女の子の母親と再婚しました。パッチの母親は2人を全然違うように育てました。パッチはいつもいい服を着ておいしい物を食べ気分良く遊びましたが、コンジは仕事を一生懸命しなければいけませんでした。

2 ある日、継母がパッチのみ連れて宴に行き、コンジにはお米を全てついて、かめに水を満たすように言いました。その仕事を全て終わらせるまでは宴に来るなとも言いました。

콩쥐：コンジ。콩は大豆の意　**팥쥐**：パッチ。팥は小豆の意

1 **～라는**：～という　**여자아이**：女の子　**-게**：～く、～なように　**키우다**：育てる　**-으며**：～しながら　**-어야 하다**：～しなければいけない、～する必要がある

2 **새어머니**：継母　**데리다**：連れる。主に데리고（連れて）や데리러（迎えに）の形で使う。데려가다（連れていく）や데려오다（連れてくる）の一部としても使われる　**잔치**：宴会、パーティー　**-면서**：～しながら　**벼**：稲、精米していない米　**찧다**：つく　**독**：かめ　**채우다**：満たす　**-라고**：～しろと、～しなさいと　**-기 전에**（- 前-）：～する前に、～するまで　**-지 말라고**：～するなと

3 혼자 힘으로는 **도저히 할 수 없는** 많은 일이었
[할 쑤] [엄는] [마는 니리얻
습니다. **게다가** 물을 **아무리 부어도 차지** 않는 **깨**
씀니다] [안는]
진 독**이었기에** 콩쥐는 **그만** 힘이 **빠지고 말았습니**
[도기얻끼에]
다. 콩쥐는 **훌쩍훌쩍** 울었습니다. 이때 **어디선가**
새들이 **날아와** 벼를 **쪼아** 주었습니다. **두꺼비** 한
마리는 깨진 독 속으로 들어가 독에 물을 채울
[독 쏘그로]
수 있게 해 주었습니다. 그뿐 아니었습니다. 하늘에
[읻께]
서 **선녀**가 내려와 콩쥐에게 예쁜 옷을 **입혀** 주고
[이펴]
꽃신도 **신겨** 주었습니다.
[꼳씬]

4 콩쥐도 잔치에 갈 수 **있게 되었습니다**. 빨리 가
려고 **뛰었는데** 그만 꽃신 한 **짝**이 **벗겨져 버렸습니**
[뛰언는데] [벋껴저]
다. 마침 이 **모습**을 **지켜본** 사람이 있었는데, 그는
이 **마을**의 **원님**이었습니다. 콩쥐에게 **반했던** 원님
[바낸떤]
은 꽃신을 **주워** 들고 그날 이후부터 콩쥐를 찾아
다녔습니다.

3 一人の力では到底できない、たくさんの仕事でした。その上、水をいくら注いでも満たされない、割れたかめだったので、コンジは思わず力が抜けてしまいました。コンジはしくしく泣きました。この時、どこからか鳥が飛んできてお米をつついてくれました。ヒキガエルは割れたかめの中に入ってかめに水を満たせるようにしてくれました。それだけではありませんでした。空から仙女が降りてきて、コンジにきれいな服を着せてやり、花模様の靴も履かせてやりました。

4 コンジも宴に行けるようになりました。早く行こうと走りましたが、うっかり靴の片方が脱げてしまいました。ちょうどこの姿を見守っていた人がいましたが、彼はこの村の郡守でした。コンジにほれた郡守は靴を拾い、その日以降、コンジを探して回りました。

---

3 **도저히**：到底　**-ㄹ 수 없다**：～できない　**게다가**：その上　**아무리**：いくら　**붓다**：注ぐ　**차다**：満ちる、いっぱいになる　**깨지다**：割れる　**-기에**：～なので　**그만**：思わず、仕方なく　**빠지다**：抜ける　**-고 말다**：～してしまう　**훌쩍훌쩍**：すすり泣く様子。しくしく、めそめそ　**어디선가**：どこからか　**날아오다**：飛んでくる　**쪼다**：（鳥が）つつく、ついばむ　**두꺼비**：ヒキガエル　**선녀**：仙女　**입히다**：着せる　**꽃신**：花の模様があしらわれた履物。花靴　**신기다**：履かせる

4 **-게 되다**：～するようになる、～くなる　**-는데**：～するが　**짝**：対になった物の片方　**벗겨지다**：脱げる。벗기다（脱がす）に変化を表す-어지다が付いた形　**-어 버리다**：～してしまう　**마침**：ちょうどその時　**모습**：姿　**지켜보다**：見守る　**마을**：村　**원님**（員-）：郡守。郡の長　**반하다**：ほれる　**줍다**：拾う

5 마을을 돌며 꽃신의 **주인**을 찾아 **헤맨** 끝에 원님은 **드디어** 콩쥐와 만났습니다. 원님은 콩쥐에게 **청혼했습니다**[청호낻씀니다]. 그러나 결혼을 **앞두고**[압뚜고] 팥쥐와 새어머니는 콩쥐를 **연못**에 **빠뜨려 죽였습니다. 그러고는 태연하게**[태여나게] 콩쥐**인 척** 팥쥐가 원님에게 **시집**을 갔습니다. 원님이 **보기에도** 어딘가 이상한 콩쥐였습니다. 이후부터 원님에게는 이런 소리가 들렸습니다.

6 "**각시**[각씨]가 **바뀌었는데** 정말 몰라요? 연못을 **찾아 보세요.**"

7 원님이 연못을 **찾아보니 그곳**에서 죽은 콩쥐가 나왔는데, 하늘의 **도움**으로 **이내 살아났습니다.** 콩쥐가 **살아나자** 새어머니는 **깜짝** 놀라[깜짱 놀라] **기절하고**[기저라고] 말았습니다. 원님은 팥쥐와 새어머니를 크게 **벌주고**, 남은 **인생**은 콩쥐와 **행복하게**[행보카게] 살았습니다.

5 村を回りながら靴の持ち主を探してさまよった末、郡守はついにコンジと会いました。郡守はコンジに求婚しました。ですが、結婚を前にしてパッチと継母はコンジを池に落として殺しました。そして、平然とコンジのふりをしてパッチが郡守に嫁ぎました。郡守が見てもどこかおかしなコンジでした。その後、郡守にはこんな声が聞こえました。

6 「花嫁が変わったのに本当に分からないんですか？ 池を探してみてください」

7 郡守が池を探してみると、そこから死んだコンジが出てきましたが、天の助けでたちまち生き返りました。コンジが生き返ると、継母は驚いて気絶してしまいました。郡守はパッチと継母をひどく罰し、残りの人生はコンジと幸せに暮らしました。

---

5 **주인**：主人　**헤매다**：迷う　**드디어**：ついに　**청혼하다**（請婚--）：求婚する　**앞두다**：前にする、目前にする　**연못**（蓮-）：池　**빠뜨리다**：落とす、沈める　**죽이다**：殺す　**그러다**：そうする　**-고는**：〜して、〜してから　**태연하다**：泰然としている、何食わぬ顔をしている　**-ㄴ 척**：〜のふりをして　**시집**（媤-）：結婚相手の実家。시집을 가다で、女性の立場から「結婚する」の意味　**-기에도**：〜するのにも

6 **각시**：花嫁　**바뀌다**：変わる　**찾아보다**：探してみる

7 **-니**：〜すると　**그곳**：そこ　**도움**：助け　**이내**：すぐに、たちまち　**살아나다**：生き返る　**-자**：〜すると　**깜짝**：急に驚く様子　**기절하다**：気絶する　**벌주다**（罰--）：罰する、罰を与える　**인생**：人生　**행복하다**（幸福--）：幸せだ

6 해님 달님

TR06

1 옛날 **옛적**, 깊은 산속에 **떡장수** 어머니와 **오누이**가 살고 있었어요. 세 **식구**는 **가난했지만** **행복하게** 살고 있었지요.

[옌날] [옏쩍] [산쏘게] [떡짱수] [식꾸] [가나낻찌만] [행보카게] [이썯찌요]

2 어느 날이었어요. 어머니는 **팔다** 남은 떡을 **이고** **밤늦게** 집으로 돌아가고 있었어요. **목이 빠지게 기다리고** 있을 아이들 생각에 **발걸음**을 **재촉하는데**, 눈앞에 갑자기 **호랑이**가 나타났어요! 어머니는 **깜짝** 놀랐어요.

[밤늗께] [발꺼르믈] [재초카는데] [갑짜기]

3 "아이고 호랑이님. **제발 살려** 주세요."

お日さまとお月さま

日と月の起源について描いた神話的内容を含む童話。「해와 달이 된 오누이（太陽と月になったきょうだい）」とも呼ばれる。

1 昔々、深い山の中に餅屋のお母さんときょうだいが住んでいました。家族3人、貧しくても幸せに暮らしていました。

2 ある日のことでした。お母さんは売れ残った餅を頭に載せて、夜遅く家に向かっていました。首を長くして待っているであろう子どもたちのことを思い足を速めていると、目の前に突然トラが現れました！お母さんは驚きました。

3「ああ、トラさま。どうかお助けください」

---

1 **옛적**：昔　**떡장수**：餅の商人、餅屋　**오누이**：男女が含まれたきょうだい　**식구**（食口）：家族　**가난하다**：貧乏だ、貧しい　**행복하다**（幸福--）：幸せだ　**-게**：～に、～く

2 **-다**：～していて。-다가の縮約形　**이다**：頭に載せる　**밤늦다**：夜遅い。主に밤늦게（夜遅く）の形で用いる　**목이 빠지게 기다리다**：首を長くして待つ　**발걸음**：足取り　**재촉하다**：急かす。발걸음을 재촉하다で「足を速める」の意味　**-는데**：～するが、～しているところ　**호랑이**（虎狼-）：トラ　**깜짝**：急に驚く様子

3 **제발**：どうか　**살리다**：助ける

4 호랑이는 어머니가 머리에 인 떡 **광주리**를 **보고는** 말했어요[마래써요].

5 “**어흥**! 떡 하나[떠 카나] 주면 안 **잡아먹지**[자바먹찌]!”

6 어머니는 **덜덜 떨리는** 손으로 떡을 하나 **꺼내어** 호랑이에게 **건넸어요**. 맛있게[마싣께] 떡을 **먹어 치운** 호랑이는 더 먹고[먹꼬] 싶었어요.

7 “떡 하나 더 주면 안 잡아먹지.”

8 **어쩔 수**[어쩔 쑤] **없이**[업씨] 어머니는 **또다시** 떡을 건넸어요.

9 먹어도 먹어도 호랑이는 **여전히**[여저니] 배가 고팠어요. 광주리에 **있던**[읻떤] 떡이 모두 **바닥이 나자**, 어머니는 **울면서** 호랑이에게 **빌었어요**.

10 “호랑이님. 떡을 다 **드렸으니** 이제 저를 보내 주세요.”

4 トラは、お母さんが頭に載せた餅のかごを見て言いました。

5「ぐるる！　餅を一つくれたら食わないでやろう！」

6 お母さんはぶるぶる震える手で餅を一つ取り出し、トラに渡しました。おいしく餅を平らげたトラはもっと食べたくなりました。

7「餅をもう一つくれたら食わないでやろう」

8 仕方なくお母さんはまた餅を渡しました。

9 食べても食べても、トラは相変わらずおなかがすいていました。かごにあった餅が底を突くと、お母さんは泣きながらトラに許しを乞いました。

10「トラさま。餅を全て差し上げたので、もう私を逃がしてください」

---

4 **광주리**：かご　**-고는**：～して

5 **어흥**：トラのうなる声　**잡아먹다**：取って食う　**-지**：～するよ

6 **덜덜**：震える様子。ぶるぶる　**떨리다**：震える　**꺼내다**：取り出す　**건네다**：渡す　**-어 치우다**：～してしまう

8 **어쩔 수 없이**：仕方なく　**또다시**：再び、また

9 **여전히**（如前-）：相変わらず、依然として　**-던**：～だった　**바닥이 나다**：底を突く　**-자**：～するや、～すると　**-면서**：～しながら　**빌다**：祈る、請う

10 **-으니**：～するので

11 하지만 호랑이는 어머니까지 잡아먹었어요. 그러고는 어머니의[어머니에] 옷을 **걸치고** 오누이가 있는[인는] 집으로 갔어요.

12 오누이는 밤늦게까지 오지 않는[안는] 어머니를 걱정하고[걱쩡하고] 있었어요. 그때, 밖에서 “**얘들아**, 엄마 왔다[왇따]. 문 **열어라**” 하는 소리가 들렸어요. 오누이는 대답했지요[대다팯찌요].

13 “우리 어머니 목소리[목쏘리]가 아니에요.”

14 ‘**요 녀석**들[녀석뜰] 봐라.’ 오누이가 **순순히**[순수니] **속아 넘어가지** 않자[안차] 호랑이는 목소리를 다시 **가다듬고**[가다듬꼬] 말했어요.

15 “산을 **넘어오느라** 너무 힘들어서 목이 **쉬어서 그렇단다**[그러탄다]. 이제 문을 열어 **주렴**.”

16 동생은 어머니**인 줄 알고** 문을 열어 주려고 했지만, 오빠가 **막았어요**.

11 しかしトラはお母さんまで食べてしまいました。そして、お母さんの服をかぶって、きょうだいのいる家に行きました。

12 きょうだいは夜遅くなっても帰ってこないお母さんの心配をしていました。その時、外から「子どもたち、お母さんが帰ったよ。戸を開けて」という声が聞こえました。きょうだいは答えました。

13「うちのお母さんの声じゃありません」

14「こいつらめ」きょうだいが簡単にだまされないと、トラは声を再び整えて言いました。

15「山を越えるのがとても大変で、声がかすれたんだよ。もう戸を開けなさい」

16 妹はお母さんだと思って戸を開けようとしましたが、お兄さんが止めました。

---

11 **걸치다**：掛ける、(上着などを)羽織る、まとう

12 **얘들아**：이 애の縮約形の얘に複数を表す-들、呼び掛けの助詞～아が付いた形。親しい目下への呼び掛けとしてよく用いられる　**-어라**：～しろ、～しなさい

14 **요 녀석**：こいつ　**순순히**(順順-)：素直に、おとなしく　**속다**：だまされる　**넘어가다**：だまされる、乗せられる　**가다듬다**：整える

15 **넘어오다**：越えてくる　**-느라**：～していて、～するのに夢中で　**쉬다**：(声が)かれる、かすれる　**-어서 그렇다**：～だからそうなんだ、～だからだ　**-단다**：～なんだよ。本来は-다고 한다(～だそうだ)の縮約形だが、子どもに言い聞かせるときにこの形でよく使う　**-렴**：～しなさい。目下への親しみを込めた命令を表す

16 **-ㄴ 줄 알다**：～だと思う　**막다**：防ぐ、止める

17 "우리 어머니**라면** 손이 예쁘고 **고와야 해요**. 손을 보여 주세요!"

18 호랑이는 **창호지**를 **뚫고** [뚤코] **앞발**을 [압빠를] **내밀었어요**. 오누이는 **소스라치게** 놀랐어요. 방 안으로 들어온 손은 **털**이 **북실북실하고** [북씰북씨라고] **발톱**이 **무시무시한** 호랑이 발이었어요.

19 "으악! 호랑이다!"

17「うちのお母さんなら手が美しくてきれいなはずです。手を見せてください！」

18 トラは障子紙を破って前足を差し出しました。きょうだいは腰を抜かすほど驚きました。部屋の中に入ってきた手は毛むくじゃらで恐ろしい爪のトラの足でした。

19「うわあ！ トラだ！」

---

17 **~라면**：~なら　**곱다**：きれいだ、美しい　**-아야 하다**：~でなければいけない、~であるはずだ

18 **창호지**(窓戸紙)：障子紙　**뚫다**：穴を開ける、破る　**앞발**：前足　**내밀다**：突き出す　**소스라치다**：腰を抜かす、びっくり仰天する　**털**：毛　**북실북실하다**：毛がたくさん生えている様子。ぼうぼう　**발톱**：足の爪　**무시무시하다**：恐ろしい、すさまじい

20 “어서 **달아나야겠다**. 저기로 **올라가자**!” 오누이는 **천장**에 난 **구멍**을 통해 **지붕**으로 올라갔어요. **그러자 낌새**를 **눈치챈** 호랑이가 **이내** 방문을 **부수고** 들어와 오누이를 **찾기 시작했어요**.
[찯끼] [시자캐써요]

21 “애들아, 어디 **있니**? **옷장**에 **숨었나**?”
[인니] [옫짱] [수먼나]

22 호랑이가 옷장을 **뒤지는데**, **겁**에 **질린** 동생이 **그만** 소리 내어 **울고 말았어요**. 그 소리를 들은 호랑이는 위를 **올려다보았지요**. 그러자 천장에 난 구멍으로 지붕에 올라가 있는 오누이가 보였어요.

23 “거기에 숨어 **있었군**!”
[이썯꾼]

24 호랑이도 지붕 위로 올라갔어요. 하지만 오누이는 **얼른** 옆에 있던 나무 위로 **옮겨갔어요**.
[옴겨가써요]

20「早く逃げなくちゃ。あそこに上がろう！」きょうだいは天井に開いた穴を通って屋根に上がりました。すると気配に気付いたトラがたちまち部屋の戸を壊して入り、きょうだいを探し始めました。

21「子どもたち、どこにいるの？　たんすに隠れたの？」

22 トラがたんすをひっくり返しますが、おびえた妹が思わず声を出して泣いてしまいました。その声を聞いたトラは上を見上げました。すると、天井に開いた穴から屋根に上がっているきょうだいが見えました。

23「そこに隠れていたんだな！」

24 トラも屋根の上に登りました。ですが、きょうだいはすぐに横にあった木の上に移りました。

---

20 **달아나다**：逃げる　**-아야겠다**：～しなければ　**-자**：～しよう　**천장**（天障）：天井　**구멍**：穴　**지붕**：屋根　**그러자**：すると　**낌새**：気配　**눈치채다**：気付く、感づく　**이내**：すぐに、たちまち　**부수다**：壊す　**-기 시작하다**（- 始作--）：～し始める

21 **-니**：～なの？　**옷장**（-欌）：たんす　**숨다**：隠れる　**-나**：～なのかな？

22 **뒤지다**：あさる、くまなく探す　**겁**（怯）：恐れ、恐怖　**질리다**：おびえる　**그만**：つい、うっかり　**-고 말다**：～してしまう　**올려다보다**：見上げる

23 **-군**：～なんだな

24 **얼른**：素早く、早く　**옮겨가다**：（場所を）移していく、移動していく

25 "**뭐야**, 또 어디로 **간 거야**?"

26 호랑이는 지붕에 있던 오누이가 **사라지자 화**가 나서 소리를 **질렀어요**. 그때, **나뭇가지**[나묻까지] 하나가 **흔들렸어요**.

27 "아하, 이번엔 나무에 숨었군!"

28 호랑이는 나무에 올라가려 했지만 자꾸 **미끄러지는 통에 올라갈 수가 없었어요**.

29 "얘들아, 어떻게[어떠케] 나무 위로 올라갔니[올라간니]?"

30 호랑이의 물음에 오빠가 대답했어요.

31 "**참기름**을 **손바닥**[손빠다게]에 **바르고** 올라왔지."

32 '**옳다구나**[올타구나]!' 호랑이는 부엌으로 가 참기름을 손바닥에 바르고 다시 나무를 타려고 **힘껏**[힘껀] **뛰어 올랐어요**. 그렇지만[그러치만] 손에 바른 **기름** 때문에 **금세** 미끄러져[미끄러저] 바닥에 **엉덩방아**를 **찧고**[찌코] 말았지요.

[25]「何だ、今度はどこに行ったんだ？」

[26] トラは屋根にいたきょうだいが消えると、腹が立って叫びました。その時、木の枝が一つ揺れました。

[27]「ははあ、今度は木に隠れたんだな！」

[28] トラは木に登ろうとしましたが、何度も滑るせいで登れませんでした。

[29]「子どもたち、どうやって木の上に登ったんだい?」

[30] トラの問いに、お兄さんが答えました。

[31]「ごま油を手のひらに塗って登ったんだよ」

[32]「そうか！」トラは台所に行ってごま油を手のひらに塗り、再び木に登ろうと力いっぱい駆け上がりました。ですが、手に塗った油のせいでたちまち滑り、地面に尻から落ちてしまいました。

---

[25] **뭐야**：なんだ　-ㄴ **거야**：～したんだ

[26] **사라지다**：消える　**화**(火)：怒り　**지르다**：(声を)張り上げる、叫ぶ　**나뭇가지**：木の枝　**흔들리다**：揺れる

[28] **미끄러지다**：滑る　**-는 통에**：～するせいで　-ㄹ **수가 없다**：～することができない

[31] **참기름**：ごま油　**손바닥**：手のひら　**바르다**：塗る

[32] **옳다구나**：そうか、なるほど　**힘껏**：力いっぱい　**뛰어오르다**：駆け上がる　**기름**：油　**금세**：すぐに、たちまち　**엉덩방아**：尻もち　**찧다**：つく

33 "어이쿠, 내 **엉덩이**야!"

34 호랑이가 자꾸 엉덩방아를 찧자 동생은 **웃음을 터뜨렸어요**.
[찌차]

35 "이런 **바보**. **도끼**로 나무를 **찍으면서** 올라오면 **되는걸**."

36 오빠가 **황급히** 동생의 입을 막았지만 **이미** 그 말은 호랑이 귀에 들어간 뒤였어요. 호랑이는 **마당**에 있는 도끼로 나무를 찍으면서 올라오기 시작했어요.
[황그피]

33「ああ、尻が！」

34 トラが何度も尻もちをつくと、妹は笑いました。

35「このばか。おので木を刻みながら登ってくればいいのに」

36 お兄さんが急いで妹の口をふさぎましたが、すでにその言葉はトラの耳に入った後でした。トラは庭にあるおので木を刻みながら登り始めました。

---

33 **엉덩이**：尻

34 **웃음을 터뜨리다**：思わず笑い出す。웃음（笑い）のほか、울음（泣くこと）や불평（不平）なども터뜨리다（はじけさせる）と一緒に使うことができる

35 **바보**：ばか　**도끼**：おの　**찍다**：突き刺す　**-는걸**：～するのに

36 **황급히**（遑急-）：慌てて　**이미**：すでに　**마당**：庭

37 “**너희**는 이제 **독 안에 든 쥐**다!”
[너히]

38 “으아, **이를 어쩌면** 좋지?”
[조치]

39 오누이는 겁에 질려 **벌벌 떨다가 하느님**께 **기도**
했어요.

40 “하느님, 제발 저희를 살려 주세요.”
[저히]

41 그때, 하늘에서 **동아줄** 두 개가 내려왔어요!
오누이는 한 **줄씩 잡고서** 동아줄을 오르기 시작
[잡꼬서]
했어요. 호랑이가 나무에 다 **올랐을 즈음**에는 이
[올라쓸 쯔으메는]
미 오누이는 **한참** 위를 올라가고 있었어요. 이를
본 호랑이는 오누이가 했던 것처럼 하느님께 기도
[핻떤] [걷]
하기 시작했어요.

37「おまえたちはもう袋のねずみだ！」

38「わあ、どうすればいい？」

39 きょうだいはおびえてぶるぶる震え、神様に祈りました。

40「神様、どうか私たちを助けてください」

41 その時、空から２本の綱が下りてきました！　きょうだいは１本ずつつかんで綱を登り始めました。トラが木のてっぺんに着いた頃にはすでにきょうだいははるか上を登っていました。これを見たトラは、きょうだいがしたように神様に祈り始めました。

---

37 **너희**：おまえたち　**독 안에 든 쥐**：袋のねずみ

38 **이**：これ　**어쩌다**：どうする

39 **벌벌**：おびえて震える様子。ぶるぶる　**떨다**：震える　**-다가**：〜していて　**하느님**：神様　**기도하다**（祈禱--）：祈る

41 **동아줄**：太い綱　**줄**：綱、ひも。また、綱を数えるときの単位　**-씩**：〜ずつ　**-고서**：〜してから　**-을 즈음**：〜する頃　**한참**：はるかに、ずっと

42 "아이고 하느님, 저 호랑이에게도 동아줄을 내려 주세요."

43 그러자 하늘에서 동아줄이 내려왔어요. 호랑이는 **신**이 나서 줄을 잡고 하늘로 오르기 시작했어요. 그런데, 갑자기 줄이 **뚝 끊어지는**[끄너지는] 게 아니겠어요? 호랑이는 바닥으로 떨어지고 말았어요. 하느님이 호랑이에게 내려 주신 줄은 **썩은** 동아줄이었기 때문이지요.

44 **튼튼한**[튼트난] 동아줄을 잡은 오누이는 **무사히** 하늘로 올라갔어요. 그리고 동생은 해님이 되고, 오빠는 달님이[달리미] 되어 **오래오래** 행복하게 **살았답니다**.

42「ああ神様、このトラにも綱を下ろしてください」

43 すると空から綱が下りてきました。トラは喜んで綱をつかみ、空に向かって登り始めました。しかし、突然綱がぷつっと切れるではありませんか？　トラは地面に落ちてしまいました。神様がトラに下ろした綱は腐った綱だったからです。

44 丈夫な綱をつかんだきょうだいは無事に空に登りました。そして、妹はお日さまになり、お兄さんはお月さまになって末永く幸せに暮らしましたとさ。

---

43 **신**：興、楽しいこと、浮かれること　**뚝**：ぷつっと　**끊어지다**：切れる。끊다(切る)に変化を表す-어지다が付いた形　**썩다**：腐る

44 **튼튼하다**：丈夫だ、しっかりしている　**무사히**：無事に　**오래오래**：長く、久しく、末永く　**-답니다**：～だそうです。-다고 합니다の縮約形

第 2 章

ハン検 3 級レベル

7 토끼전

TR07

1 아주 먼 옛날[옌날], 바다에는 **용왕**이 살고 있었습니다. 그
런데 용왕이 큰 병에 걸려 모두가 걱정했습니다.

2 의사가 말했습니다.

3 "**육지**에 가면 토끼라는 동물이 있습니다. 용왕님의
병은 그 토끼의 **간**을 먹으면 나을 수[나을 쑤] 있습니다."

4 **신하**들의 표정이 어두워졌습니다.

5 "누가 토끼의 간을 **구해** 오지?"

6 **그러자 자라**가 말했습니다.

7 "제가 토끼의 간을 가져오겠습니다."

8 자라의 말에 신하들은 기뻐했습니다.

9 "그래요? 그럼, 다녀오세요."

10 자라는 물 밖으로 나갔습니다. 한참을 찾은 끝에 토
끼를 발견한 자라가 토끼에게 말을 걸었습니다.

ウサギ伝

ウサギが知恵を使って死の危険から逃れる物語で、庶民をウサギに、支配者とその部下を竜王とスッポンに例えて、当時の支配階級を風刺している。三国時代の説話を原形として語り継がれてきた寓話(ぐうわ)で、「水宮歌」としてパンソリでも歌われている。

1 そのまた昔、海には竜王が住んでいました。しかし竜王が大きな病気にかかり、皆が心配しました。

2 医者が言いました。

3「陸地に行くとウサギという動物がいます。竜王様の病気はそのウサギの肝を食べれば治せます」

4 臣下たちの表情が暗くなりました。

5「誰がウサギの肝を取ってくるのだ?」

6 するとスッポンが言いました。

7「私がウサギの肝を持ってまいります」

8 スッポンの言葉に臣下たちは喜びました。

9「そうか? それでは、行ってきなさい」

10 スッポンは水の外に出ました。しばらく探した揚げ句、ウサギを発見したスッポンがウサギに話し掛けました。

---

1 **용왕**：竜王

3 **육지**：陸地　**간**：肝、肝臓

4 **신하**：臣下

5 **구하다** (求--)：求める、探す

6 **그러자**：すると　**자라**：スッポン

11 “**이봐요**, 토끼 선생, 내가 사는 나라로 가지 않겠어요?”
[안케써요]

12 “내가 왜요? 거기 좋아요?”

13 “그럼요. 내가 사는 나라로 가면, 당신은 아주 큰 **부**
[그럼뇨]
자가 되어, 아무 걱정 없이 살 수 있거든요.”
[읻꺼든뇨]

14 토끼가 좋아서 **팔짝** 뛰었습니다. 자라는 속으로 웃었습니다.

15 자라가 토끼를 등에 태우고 열심히 용왕님에게 가는
[열씨미]
데, 토끼가 갑자기 물었습니다.

16 “그런데, 나를 데려가고 싶어 하는 이유가 뭐죠?”

17 그러자 자라는 사실을 **털어놓고 말았습니다**.
[터러노코]

18 “뭐라고요? 내 간? 내 간이 필요하다고요?”

19 토끼는 속으로 생각했습니다. ‘아니, 간을 꺼내면 나
[생가캗씀니다]
는 죽잖아. **맙소사**.’

20 토끼가 자라에게 놀란 것처럼 말했습니다.

21 “잠깐만요! 실은 내 간을 두고 왔어요.”
[잠깐만뇨]

11「あの、ウサギさん、私が住んでいる国に行きませんか？」

12「私が、なぜ？　そこはいいところですか？」

13「そうですよ。私が住んでいる国に行けばあなたは大金持ちになり、何の心配もなく生きていけますよ」

14 ウサギがうれしくてぴょんと飛びました。スッポンは内心笑いました。

15 スッポンがウサギを背中に乗せて一生懸命竜王様のところに向かっていると、ウサギが突然聞きました。

16「ところで、私を連れていきたい理由は何ですか？」

17 すると、スッポンは事実を打ち明けてしまいました。

18「何ですって？　私の肝？　私の肝が必要ですって？」

19 ウサギは心の中で思いました。「いや、肝を取り出したら私は死ぬじゃないか。なんてこった」

20 ウサギはスッポンに驚いたように言いました。

21「ちょっと待ってください！　実は自分の肝を置いてきました」

---

11 **이봐요**：あの、ちょっと。呼び掛けの言葉

13 **부자**（富者）：金持ち

14 **팔짝**：飛び跳ねる様子。ぴょんと

17 **털어놓다**：打ち明ける　**-고 말다**：～してしまう

19 **맙소사**：驚いたりあきれたりしたときに発する言葉。なんてこった

22 "아이고, 그래요?"

23 "간을 바위에 두었는데[두언는데] 깜빡 잊었네요[이전네요]. 잠깐 기다려 주세요. 빨리 돌아올게요[도라올께요]."

24 자라는 다시 육지로 갔고, 토끼는 바쁘게 뛰어갔습니다. 그리고 큰 소리로 말했습니다.

25 "바보 같은 자라야. 간을 어떻게[어떠케] 꺼내 **두니**? 흥!" **하고는** 멀어졌습니다.

26 자라는 그 자리에서 **엉엉** 울었습니다.

22「まあ、そうですか」

23「肝を岩の上に置いたのですが、うっかり忘れてしまいましたよ。ちょっと、待っていてください。すぐ戻りますよ」

24 スッポンはまた陸地に行き、ウサギは急いで跳ねていきました。そして大きな声で言いました。

25「ばかなスッポンさん。肝をどうやって出しておくのだ？　ふん！」と言い、遠ざかりました。

26 スッポンはその場でわんわん泣きました。

---

25 **-니**：～するの?　**-고는**：～しては

26 **엉엉**：大泣きする様子。わんわん

8 흥부전

TR08

1 성격이 [성껴기] 다른 두 형제가 살았습니다. 형의 이름은 놀부이고, 동생의 이름은 흥부입니다. 형은 나쁘고, 동생은 착했습니다 [차캡씀니다]. 형은 부모의 재산을 모두 혼자서 가졌습니다. 그리고 동생과 동생 가족들을 **내쫓았습니다**.

2 흥부는 하루하루 밥을 먹기 어려운 생활이었습니다. 12명이나 [열뚜] 되는 아이들은 배가 고프다고 울었습니다. 흥부와 흥부의 아내는 하는 수 없이 형의 집으로 갔습니다.

3 “아니, 네가 왜 왔어?” 형 놀부가 말했습니다.

4 “아이들이 배가 고파서 울고 있습니다. 밥 좀 주세요.” 흥부가 부탁했습니다 [부타캡씀니다].

5 “흥! 너 줄 밥은 없다. 나가!” 놀부는 문을 **쾅** 하고 닫았습니다.

興夫伝(フンブ)

強欲な兄と心優しい弟を対比させながら勧善懲悪の世界を描いた物語。原作は朝鮮王朝後期の古典小説。「春香歌」「沈清歌」と並ぶパンソリの有名題目の一つ「興夫歌」が基になっている。

[1] 性格が違う二人の兄弟が住んでいました。兄の名前はノルブで、弟の名前はフンブです。兄は悪く、弟は善良でした。兄は親の財産を全て一人で所有しました。そして弟と弟の家族を追い出しました。

[2] フンブは、毎日ご飯を食べることが苦しい生活でした。12人にもなる子どもたちはおなかがすいたと泣きました。フンブとフンブの妻は仕方なく兄の家へ行きました。

[3]「おや、おまえがなぜ来たのだ?」兄のノルブが言いました。

[4]「子どもたちがおなかをすかせて泣いています。食べ物を少しください」。フンブが頼みました。

[5]「ふん!　おまえにやる飯はない。出ていけ!」ノルブは戸をバタンと閉めました。

---

[1] **내쫓다**：追い出す

[5] **쾅**：大きな音を立てる様子。どん、どすん

6 힘 없이 집으로 돌아간 흥부는 하늘을 바라보았습니다. **제비** 가족이 보였습니다. 그런데 **둥지** [둥지 쏘게] 속의 새끼 한 마리가 이상했습니다. 다리를 다친 것 같았습니다.

7 "잠깐만! 다리를 **다쳤구나**. 내가 고쳐 줄게." [줄께]

8 흥부는 새끼 제비의 다리를 고쳐 주었습니다. 제비 가족이 흥부의 머리 위를 돌았습니다. 고맙다고 인사를 하는 것처럼 보였습니다. 그리고 남쪽으로 날아갔습니다.

9 다음 해에 작년의 [장녀네] 제비 가족이 다시 흥부의 집으로 찾아왔습니다. 흥부의 가족은 "또 왔네. [완네] 반갑다." 하고 인사했습니다. 그중 한 마리가 흥부에게 **박 씨**를 주었습니다.

10 "응? 이게 **뭐니**? 박 씨? 고맙다." 흥부는 씨를 땅에 심었습니다. 시간이 흘러 박이 **열렸습니다**.

11 "어머나, 박이 커졌어요. 우리 이 박을 열어 봐요."

12 "그래요. 작은 것은 먹고, 큰 것은 그릇으로 쓰고."

6 力なく家に帰ったフンブは空を眺めました。ツバメの家族が見えました。しかし巣の中のひな1羽が変でした。足をけがしているようでした。

7「ちょっと！　足をけがしたのだね。私が治してあげよう」

8 フンブはひなツバメの足を治してやりました。ツバメの家族がフンブの頭の上を回りました。ありがとうとあいさつをするかのように見えました。そして南の方へと飛んでいきました。

9 翌年、去年のツバメの家族が、再びフンブの家に訪ねてきました。フンブの家族は「また来たね。うれしいよ」とあいさつをしました。そのうちの1羽がフンブにフクベの種をあげました。

10「うん？　これは何だ？　フクベの種？　ありがとう」フンブは種を土に植えました。時が過ぎ、フクベが実りました。

11「まあ、フクベが大きくなったわ。一緒にこのフクベを開けてみよう」

12「そうだな。小さいのは食べて、大きいのは器に使って」

6 **제비**：ツバメ　**둥지**：巣

7 **-구나**：～なんだな

9 **박**：フクベ　**씨**：種

10 **-니**：～なの?　**열리다**：(実が) なる、実る

13 흥부는 아내와 함께 사이좋게 박을 열었습니다. 그
[사이조케]
런데 깜짝 놀랐습니다. 박에서 많은 돈이 쏟아져 나온 것입니다. 흥부는 **부자**가 되었습니다.

14 "제비야, 고맙다. 정말 고맙다."

15 "뭐라고? 흥부한테 그런 일이 있었어?"
[그런 니리]

16 놀부가 흥부의 이야기를 들었습니다. '흥! 너만?' 하고 속으로 생각한 놀부가 제비에게 다가갔습니다.
[생가칸]
그중 가장 어린 새끼의 다리를 손으로 **부러뜨렸습니다**. 그리고 다시 고쳐 주었습니다.

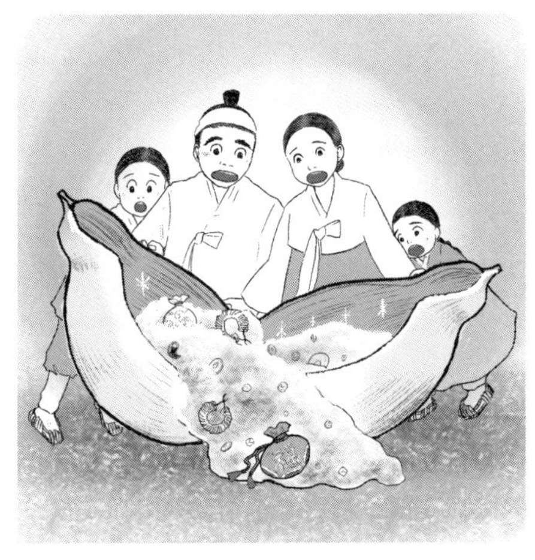

13 フンブは妻と一緒に仲良くフクベを開けました。ところがびっくりしました。フクベからたくさんのお金があふれ出てきたのです。フンブはお金持ちになりました。

14「ツバメよ、ありがとう。本当にありがとう」

15「何だと？　フンブにそんなことがあったのか？」

16 ノルブがフンブの話を聞きました。「ふん！　おまえだけ？」と腹の中で思ったノルブが、ツバメに近寄りました。その中の最も小さいツバメのひなの足を手で折ってしまいました。そしてまた治してやりました。

---

13 **부자** (富者) : 金持ち

16 **부러뜨리다** : 折る

17 "어때? 고맙지? 어서 가서 박 씨를 가져와라."

18 놀부는 기분이 좋아서 웃었습니다.

19 다음 해에 제비가 놀부에게 씨를 주었습니다. 놀부는 큰 박이 열릴 때까지 기다렸습니다.

20 "아이고 좋다[조타], 아이고 좋아. 나는 이제 더 큰 부자가 되겠지?"

21 시간이 흘러 박이 커지자 놀부와 놀부의 아내가 박을 열었습니다. 그런데 박에서 나온 것은 돈이 아니라 이상한 사람들이었습니다. 이 이상한 사람들이 밥을 다 먹고, 돈을 다 썼습니다. 그래서 놀부의 집은 **망했습니다**.

22 착한 흥부가 찾아왔습니다.

23 "그래도 내 형이잖아요. 걱정 마세요."

24 그는 놀부에게 돈을 주고, 집도 주었습니다. 놀부가 조금 울었습니다. 아주 조금의 눈물이었습니다.

17「どうだ？　ありがたいだろ？　早く行ってフクベの種を持ってこい」
18 ノルブは気分が良くて笑いました。
19 翌年にツバメがノルブに種をあげました。ノルブは大きなフクベが実るまで待ちました。
20「やあ、いいぞ、やあ、いいぞ。俺はすぐにもっとすごい金持ちになるだろう」
21 時が過ぎ、フクベが大きくなるとノルブとノルブの妻がフクベを開けました。しかしフクベから出てきたのはお金ではなく、奇妙な人間たちでした。この奇妙な人間たちが食糧を全部食べ、お金を全部使いました。そのためノルブの家は滅びました。
22 優しいフンブが訪ねてきました。
23「それでも私のお兄さんじゃないですか。心配はいりません」
24 フンブはノルブにお金をあげて、家もあげました。ノルブが少し泣きました。とても少しの涙でした。

---

21 **망하다** (亡--)：つぶれる、駄目になる

9 심청전

TR09

1 옛날 [옌날] 옛날에 눈이 보이지 않는 아버지 **심 씨**와 딸 심청이 살았습니다. 아버지는 아내가 일찍 세상을 떠난 뒤 어렵게 심청을 키웠습니다. 심청은 얼굴도 마음도 예쁘게 자랐습니다. 아버지와 딸은 행복했는데, [행보캔는데] 다만 심청은 앞을 못 보는 아버지가 걱정이었습니다.

2 어느 날, 어떤 **스님**이 아버지에게 앞을 볼 수 [볼 쑤] 있는 [인는] 방법을 말해 주었습니다. 그러나 **부처님**에게 쌀 300**석**을 **바치는** 조건이었습니다. [조꺼니얻씀니다] 그날부터 아버지는 고민을 했습니다. 스님에게 그만 약속을 해 버렸기 때문이었습니다.

3 심청은 아버지와 스님의 약속을 지키기 위해 배를 타는 사람들을 만났습니다. 그들은 심청이 바다의 **제물**이 되어 주면 쌀을 준다고 했습니다. 심청은 그 쌀이 아버

沈清伝（シムチョン）

貧困に耐えながら目の見えない父を自分の命と引き換えに守ろうとする孝女の物語。原作は朝鮮王朝時代から伝わる古典小説で、パンソリの題目としても親しまれている作品を小説化したもの。

1 昔々、目の見えない父、シム（沈）氏と娘のシム・チョン（沈清）が住んでいました。父は、妻が早くこの世を去った後、苦労してシム・チョンを育てました。シム・チョンは顔も心も美しく育ちました。父と娘は幸せでしたが、ただシム・チョンは目の見えない父が心配でした。

2 ある日、あるお坊さんが父に目が見えるようになる方法を教えてくれました。しかし、仏様に米300石をささげる条件でした。その日から父は悩みました。お坊さんについ約束をしてしまったからでした。

3 シム・チョンは父とお坊さんの約束を守るため、船に乗る人々に会いました。彼らは、シム・チョンが海の祭物になってくれたら米をやると言いました。

1 **심 씨**：沈氏、沈さん。「沈」という漢字は通常침と読むが、姓の場合は심と読む

2 **스님**：僧侶、お坊さん　**부처님**：仏様　**석**：〜石。米を数える単位　**바치다**：ささげる

3 **제물**：祭物、供え物

지의 눈을 뜨게 해 줄 것이라고 믿었습니다.
[줄 꺼시라고]

4 "아버지, 먼저 가서 죄송해요."

5 심청은 넓고 깊은 바다로 떨어져 사라졌습니다.
[널꼬]

6 "청아, 아이고, 내 딸 청아!"

7 아버지는 **말할 수 없이** 슬펐습니다.

8 이런 아버지를 지켜보는 사람이 있었습니다.

9 **사기꾼** 뺑덕어멈이었습니다. 뺑덕어멈은 아버지의 쌀을 **노렸습니다**.

10 앞을 못 보는 아버지는 갑자기 다가와 친절하게 해 주는 뺑덕어멈을 **믿고 말았습니다**.

11 "청이 아버지, 청이도 없는데 이제부터는 내가 무엇이
[엄는데]
든 해 줄게요. 나만 믿고 살아요."
[줄께요]

12 "고마워요. 이제 나에게는 당신뿐이네요."

13 그러나 심청이 아버지를 위해 죽으면서 받은 쌀 300석은 모두 뺑덕어멈이 가지고 도망쳤습니다. 아버지는 딸도 쌀도 잃고, 눈도 뜨지 못했습니다.
[일코] [모탠씀니다]

シム·チョンはその米が父の目を開けてくれると信じました。

4「お父さん、先に逝ってごめんなさい」

5 シム·チョンは広くて深い海に落ちて消えました。

6「チョンや、おい、私の娘チョンや！」

7 父はこの上なく悲しみました。

8 こんな父を見ている人がいました。

9 詐欺師のペンドクおばさんでした。ペンドクおばさんは父の米を狙っていました。

10 目の見えない父は、突然近寄ってきて親切にしてくれるペンドクおばさんを信じてしまいました。

11「チョンのお父さん、チョンもいないのだからこれからは私が何でもしてあげますよ。私だけを信じてお生きなさい」

12「ありがとうございます。もう私にはあなただけです」

13 しかしシム·チョンが父のために死んでまでもらった米300石は、全てペンドクおばさんが持って逃げました。父は娘も米も失い目も開けることができませんでした。

---

7 **말할 수 없이**：言い表せないほど、この上なく

9 **사기꾼** (詐欺–)：詐欺師　**노리다**：狙う

10 **-고 말다**：～してしまう

14 어느 날, 나라의 왕이 앞을 못 보는 사람들을 모두 초대했습니다. 그곳에는 아버지 심 씨도 있었습니다. 한 여자가 [한녀자] 심 씨에게 다가왔습니다. 심청이었습니다.

15 "아버지, 아버지, 내 아버지, 저 청이에요. 어떻게 [어떠케] 아직도 앞을 못 보시나요?" 하며 심 씨의 손을 잡고 울었습니다.

16 "뭐라고? 내 딸 청이라고? 정말 내 딸 청**이란 말이냐**? **어디 보자**!"

17 순간 심 씨는 **기적**처럼 눈을 **번쩍** 떴습니다.

18 그러나 눈앞에는 딸이 아닌 **왕비**가 있었습니다. 놀란 심 씨는 "내 딸 청이는 왕비님이 아닙니다."라고 했습니다. **그러자** 심청은 지난 이야기를 해 주었습니다.

19 아버지를 위해 물에 빠진 심청을 보고, 바다의 **용왕**이 불쌍하게 생각해 [생가캐] **구해** 주었다는 것입니다. 용왕은 커다란 **연꽃**에 심청을 담아 **무사히** 살려 놓았습니다. 이를 사람들이 보고 **신기하게** 생각해 왕에게 데려갔습

14 ある日、国の王が目の見えない人々を皆、招待しました。そこには父のシム氏もいました。一人の女性がシム氏に近づいてきました。シム·チョンでした。

15「お父さん、お父さん、私のお父さん、私、チョンです。どうしていまだに目が見えないのですか?」と言いシム氏の手をつかみ泣きました。

16「何だって？　私の娘のチョンだって？　本当に私の娘のチョンだというのか？　どれ、見せておくれ！」

17 瞬間、シム氏は奇跡のように目をぱっと開けました。

18 しかし目の前には、娘ではなく王妃がいました。驚いたシム氏は「私の娘のチョンは王妃様ではございません」と言いました。すると、シム·チョンは過ぎし日の話をしてあげました。

19 父のために海に落ちたシム·チョンを見て、海の竜王がかわいそうに思い助けてくれたということでした。竜王は大きなハスの花にシム·チョンを入れ、無事に生かしておきました。これを人々が見て不思議に思い、王のところ

---

16 **～이란 말이다**：～だというのだ　**-냐**：～なのか?　**어디 보자**：どれどれ。何かをよく見るときに発する言葉

17 **기적**：奇跡　**번쩍**：ぴかっと、ぱっと

18 **왕비**：王妃　**그러자**：すると

19 **용왕**：竜王　**구하다**（救--）：救う　**연꽃**（蓮-）：ハスの花　**무사히**：無事に　**신기하다**（神奇--）：不思議だ、珍しい、面白い

니다. 왕이 착한[차칸] 심청을 좋아해, 왕비로 **삼았다는** 이야기였습니다.

심 씨와 심청은 이후로 오랫동안 행복하게 살았습니다.

に連れていきました。王が善良なシム·チョンを好きになり、王妃に迎え入れたという話でした。

シム氏とシム·チョンは、その後も長い間、幸せに暮らしました。

삼다：～とする、～と見なす

10 허생전

TR10

1 허생은 오늘도 아내에게 **잔소리**를 듣는다[든는다]. 쌀이 없다고, 돈이 없다고 아내는 화를 냈다.

2 "쌀이 없어요. 밖에 나가서 쌀을 **구해** 와요."

3 "어허, 어떻게[어떠케] 하라고 이러는 것입니까? 나는 책을 읽겠습니다[일껟씀니다]."

4 아내는 허생의 말에 더 화를 냈다.

5 "책이요? 책은 왜 읽어요? 책을 읽으면 밥이 나옵니까?"

6 허생은 하는 수 없이 책을 손에서 놓았다. 그리고 **서울**에서 제일 큰 **부자**에게 갔다.

7 "저는 허생이라고 합니다. 저에게 돈을 좀 빌려 주십시오."

8 부자는 그의 용기를 보고 큰돈을 빌려 주었다.

許生伝(ホセン)

許生という人物を通して、当時の世の矛盾や官吏の虚飾を風刺した物語。原作は朝鮮後期の文人・思想家で実学者の박지원（朴趾源、1737〜1805）によって書かれた漢文短編小説。

1 ホセン（許生）は今日も妻に小言を言われる。お米がないと、お金がないと妻は腹を立てた。

2「お米がないのよ。外に出てお米を手に入れてきて」

3「はあ、どうしろと言うのですか？　私は本を読みます」

4 妻はホセンの言葉にもっと腹を立てた。

5「本ですって？　なぜ本なんか読むのですか？　本を読めばご飯が出るのですか？」

6 ホセンは仕方なく本を手から放した。そして都で一番のお金持ちのところに行った。

7「私はホセンと申します。私にお金を少し貸してください」

8 金持ちは彼の勇気を見て大金を貸してやった。

허생（許生）：ホセン。登場人物の名前。-생は姓の後に付けて若者を表す接尾辞

1 **잔소리**：小言

2 **구하다**（求--）：求める、手に入れる

6 **서울**：都、首都　**부자**（富者）：金持ち

9 허생은 그 돈으로 과일을 팔아 큰돈을 벌었다. 이번에는 제주도에 내려갔다. **말총**을 팔아 또 많은 돈을 벌었다. 이후에는 사람이 살지 않는 섬으로 갔다. 그곳에서 **농사**를 지었다.

10 3년 후에 농사를 지은 것으로 큰돈을 또 벌었다. 그는 서울의 부자에게 찾아가서 돈을 **갚았다**.

11 사람들은 허생처럼 장사해서 부자가 되고 싶었다. 그러나 허생 **본인**은 계속해서 책을 읽고 싶을 뿐이었다.
[게소캐서]

12 어느 날, 이완이라는 **관리**가 허생을 찾아왔다. 허생
[괄리]
이 좋은 **재주**를 가졌기 때문에 나라를 위해서 일을 해 주었으면 좋겠다는 것이다. 허생은 이완에게 조건을 말
[조켇따는] [조꺼늘]
했다.

[9] ホセンはそのお金で果物を売り大金をもうけた。今度は済州島に行った。馬の毛を売り、また大金をもうけた。その後は人の住んでいない島へと行った。そこで農業を営んだ。

[10] 3年後、農業を営んだことで大金を再びもうけた。彼は都のお金持ちを訪れお金を返した。

[11] 人々は、ホセンのように商売をしてお金持ちになりたかった。しかしホセン本人は本を読み続けたいだけだった。

[12] ある日、イ･ワン（李浣）という官吏がホセンを訪ねてきた。ホセンが優れた才能を持っているので国のために働いてほしいとのことだった。ホセンはイ･ワンに条件を言った。

---

[9] **말총**：馬の毛　**농사**（農事）：農業

[10] **갚다**：（金などを）返す

[11] **본인**：本人、自分

[12] **관리**：官吏　**재주**：才能

13 “정말로 나라를 위해서 일할 사람을 쓴다. 그러기 위
[이랄 싸라믈]
해서는 외국에 유학을 하고, 다른 나라와 무역을 해야
한다. 왕의 친척들이 가진 힘도 **빼앗아야** 한다.”

14 이완은 “그건 못하겠습니다.”라고 했다.
[모타겓씀니다]

15 허생은 화가 났다.

16 “나라를 위해서 그것을 못하겠다? 너는 나라에서 일
할 자격이 없다. 지금 이대로는 많은 문제가 있는데, 네
[인는데]
눈에는 그것이 보이지 않는가?”

17 허생은 칼을 들어 이완을 **내쫓았고**, 다음 날 그곳에
서 사라졌다.

13「本当に国のために働く人を使う。そのためには外国に留学し、他の国と貿易をしなくてはならない。王の親戚たちが持っている力も奪わねばならない」

14 イ・ワンは「それはできません」と言った。

15 ホセンは腹が立った。

16「国のためにそれができないと？　おまえは国で働く資格がない。今、このままではたくさんの問題があるのに、おまえの目にはそれが見えないのか？」

17 ホセンは剣を振り上げイ・ワンを追い出し、次の日、そこから消え去った。

---

13 **빼앗다**：奪う

17 **내쫓다**：追い出す

11 장화홍련전

TR11

1 조선시대에 배무룡이라는 사람이 살았다. 그에게는 예쁜 딸이 둘인데, 이름은 장화와 홍련이었다[홍녀니얻따]. 두 딸은 착하고[차카고], 부모의 말을 잘 들었다.

2 그런데 몸이 약한[야칸] 배무룡의 아내는 아이들을 남기고 일찍 죽었다. 배무룡은 허 씨라는 나쁜 여자와[나쁜 녀자] 다시 결혼했다. 허 씨는 두 딸을 싫어했다. 재산 때문이었다.

3 배무룡은 딸들이 허 씨 때문에 우는 것을 보았다. 아버지는 두 딸에게 미안해서 함께 울었다. 이 모습을 본 허 씨는 **자매**를 죽이기로 했다.

4 밤이 깊어졌을 때, 허 씨는 쥐를 한 마리 잡아 **가죽**을 **벗겼다**. 쥐의 **시체**를 빨간 피와 함께 장화의 이불 속에[이불 쏘게] 넣어 두었다. 그리고 배무룡에게 달려가 "장화가 **낙태**를 했어요!"라고 거짓말을[거진마를] 했다.

薔花紅蓮伝（チャンファ ホンリョン）

朝鮮王朝時代から知られている古典小説で、17世紀中盤に実際にあった事件が基になっているといわれている。意地の悪い継母によって無念の死を遂げた姉妹が、その恨みを晴らすという物語。

1 朝鮮時代、ペ・ムリョン（裵武竜）という人が住んでいた。彼には美しい娘が二人、名前はチャンファ（薔花）とホンリョン（紅蓮）であった。二人の娘はおとなしく、両親の言うことをよく聞いた。

2 しかし体の弱いペ・ムリョンの妻は子どもたちを残し、早くに亡くなった。ペ・ムリョンはホ（許）氏という悪い女と再び結婚した。ホ氏は二人の娘を嫌った。財産のためであった。

3 ペ・ムリョンは娘たちがホ氏のせいで泣くのを見た。父は二人の娘に申し訳なくて一緒に泣いた。この姿を見たホ氏は、姉妹を殺すことにした。

4 夜が更けた頃、ホ氏はネズミを1匹捕まえて皮を剝いだ。ネズミの死体を赤い血と一緒にチャンファの布団の中に入れておいた。そしてペ・ムリョンのところに駆け付け、「チャンファが流産したわ！」とうそを言った。

3 **자매**：姉妹

4 **가죽**：皮、革　**벗기다**：剝がす、脱がす　**시체**（屍体）：死体　**낙태**（落胎）：流産

5 "있을 수 [이쓸 쑤] 없는 일이에요 [엄는 니리에요]. 장화를 죽여야 돼요!" 허 씨가 또 말했다.

6 다음 날, 배무룡이 장화에게 "너는 장쇠와 함께 다녀올 곳이 [다녀올 꼬시] 있다." 하고 밖으로 보냈다. 장화는 이상한 생각이 들었지만, 아버지의 말을 들었다. 홍련은 언니가 가는 것이 싫어서 눈물을 흘렸다.

7 허 씨가 낳은 아들 장쇠는 장화를 큰 **못**으로 데려가 물속으로 [물쏘그로] **밀었다**. 장화는 갑자기 그렇게 [그러케] **죽고 말았다**.

8 언니 걱정으로 **울기만 하던** 홍련은 꿈에 장화를 만나, 장화가 허 씨 때문에 죽었다는 것을 알게 되었다. '언니, 언니가 없으면 나도 살고 싶지 않아요.' 홍련은 언니가 죽은 못을 찾아가 떨어져 죽었다.

9 이후, 마을에는 새로 오는 **원님**이 계속해서 [게소캐서] 죽는 일이 [중는 니리] 생겼다. 그러던 중 **대담한** 정동우가 새 원님이 되었다.

5「あり得ないことだわ。チャンファを殺さなくては！」ホ氏はまた言った。

6 翌日、ペ·ムリョンはチャンファに「おまえはチャンセと一緒に行く所がある」と外に送り出した。チャンファは変だと思ったが、父の言うことを聞いた。ホンリョンは姉が行くのが嫌で涙を流した。

7 ホ氏が生んだ息子のチャンセは、チャンファを大きな池に連れていき水の中へ突き落とした。チャンファは突然、そうして死んでしまった。

8 姉の心配で泣いてばかりいたホンリョンは夢でチャンファに会い、チャンファがホ氏のせいで死んだことを知った。「お姉さん、お姉さんがいないと私も生きたくないわ」。ホンリョンは姉が死んだ池を訪れ、落ちて死んだ。

9 その後、村では新しく来る郡守が続けて死ぬ出来事が起きた。そんな中、豪胆なチョン·ドンウ（鄭東祐）が新しい郡守になった。

---

7 **못**：池　**밀다**：押す　**-고 말다**：〜してしまう

8 **-기만 하다**：〜してばかりいる

9 **원님**（員-）：郡守。郡の長　**대담하다**：大胆だ、豪胆だ

10 늦은 밤에 정동우가 책을 읽고[일꼬] 있었는데[이썬는데], 갑자기 바람이 불었다. 눈앞에는 예쁜 소녀들이 나타났다.

11 "**누구냐**? **귀신**이냐, 사람이냐?" 하고 정동우가 물었다. 소녀들은 "저희는 배무룡의 딸 장화와 홍련입니다. 저희의 이야기를 들어 주십시오." 하고 사정을 말했다.

12 자매의 이야기를 모두 들은 정동우는 다음 날 배무룡과 허 씨를 잡아, 허 씨에게는 **사형**을 내렸다. 배무룡은 딸들에게 미안해서 눈물을 흘렸다.

13 못에서 장화와 홍련의 시체가 나왔는데, **놀랍게도** 살아 있을 때의 모습과 같았다. **이들**의 **무덤**을 만들어 **주었더니**, 더 이상 아무 일도 일어나지 않았다.

10 遅い夜、チョン·ドンウは本を読んでいたのだが、突然風が吹いた。目の前に美しい少女たちが現れた。

11「誰だ？　幽霊なのか？　人間なのか？」とチョン·ドンウが聞いた。少女たちは「私たちはペ·ムリョンの娘、チャンファとホンリョンです。私たちの話を聞いてください」と事情を話した。

12 姉妹の話を全部聞いたチョン·ドンウは、翌日ペ·ムリョンとホ氏を捕らえ、ホ氏には死刑を下した。ペ·ムリョンは娘たちに申し訳なくて涙を流した。

13 池からチャンファとホンリョンの死体が出たのだが、驚いたことに生きていた時の姿と同じであった。彼女たちの墓を作ってあげるとそれ以上何事も起きなかった。

---

11 **-냐**：～なのか？　**귀신**(鬼神)：幽霊、お化け

12 **사형**：死刑

13 **-게도**：～くも　**이들**：これら、この人たち　**무덤**：墓　**-었더니**：～したところ

12 홍길동전

TR12

1 길동이 [길똥] 밖에 나와 한숨을 쉬었다. '나는 아버지를 아버지라 부를 수 [부를 쑤] 없고, 형이 **있으나** 형이라고 부를 수 없다. 나는 누구**란 말인가**?'

2 그의 마음에 희망**이란** 없었다. 길동의 어머니가 **노비 신분**이었기 때문이다.

3 머리가 좋은 길동은 **도술**도 잘했다. 길동의 **뛰어난** 도술이 가족에게는 걱정이었다. 신분 때문에 **출세할** [출쎄할] 수 없는 [엄는] 길동에게 뛰어남은 **독**이 될 수 있었다.

4 어느 날, 길동이 잠을 자는데, 어떤 남자가 칼을 들고 **몰래** 들어왔다. 남자가 길동의 가슴에 칼을 **찔렀다**. 그러나 칼에 **찔린** 것은 길동이 아니라 **베개**였다.

洪吉童伝（ホンギルトン）

父を父と、兄を兄と呼べない庶子差別に抵抗し義賊となった少年の物語。原作は朝鮮中期の文人・政治家허균（許筠、1569〜1618）による、朝鮮初のハングルで書かれた小説。物語の結末とは裏腹に、作者である許筠は、交友のあった庶子たちと身分制度を覆す革命を企て、処刑された。

1 キルトン（吉童）が外に出てため息をついた。「私は父を父と呼べないし、兄がいるけれど兄と呼べない。私は誰だというのだ？」

2 彼の心に希望などなかった。キルトンの母が奴婢（ぬひ）の出自だったからである。

3 頭のいいキルトンは道術もうまかった。キルトンの優れた道術が家族には心配だった。身分のために出世することのできないキルトンに妙技は毒になり得た。

4 ある日、キルトンが寝ていると、ある男が刃物を持ってこっそり入ってきた。男がキルトンの胸に刃物を突き刺した。しかし刃物に刺されたのはキルトンではなく枕だった。

1 **-으나**：〜するが。逆接を表す語尾で、書き言葉でよく使われる。話し言葉では-지만（〜するけど）を使うのが普通　**〜란 말이다**：〜だというのだ

2 **〜이란**：〜というものは。〜이라는 것은の縮約形　**노비**：奴婢（ぬひ）、賤民　**신분**：身分

3 **도술**：道術。道士が使うとされたさまざまな呪術のこと　**뛰어나다**：優れている　**출세하다**：出世する　**독**：毒

4 **몰래**：こっそり　**찌르다**：刺す　**찔리다**：刺される　**베개**：枕

5 "넌 **누구냐**?" 길동이 나타나서 소리를 **질렀다**.

6 남자가 도망치려고 문을 열었는데[여런는데], 또 문이 나왔다. 또 열었는데 또 문이 나왔다. 문은 계속 나왔다[게송 나왇따]. 남자는 그만 그 자리에 앉아 버렸다.

7 "넌 누구이며, 누가 나를 죽이라고 시켰느냐[시켠느냐]?"

8 남자가 몸을 떨었다.

9 "당신의 아버지와 그의 **첩**이요."

10 길동은 깊은 슬픔에 빠졌다. 떠나야 한다고 생각해[생가캐] 어머니에게 갔다. 길동은 울고 있었다. 어머니도 울면서 "꼭 가야 **하니**?"라고 물었다. 길동은 어머니에게 인사를 하고 집을 떠났다.

11 걷고 있는[인는] 길동의 앞에 남자들이 나타나서 길을 막았다.

12 "돈을 **내놓아라**."

13 남자들은 **도적**이었다.

5「おまえは誰だ？」キルトンが現れ大声を出した。

6 男は逃げようと戸を開けたが、また戸が出てきた。再び開けるとまた戸が出てきた。戸は引き続き出てきた。男はそのままその場に座り込んでしまった。

7「おまえは誰で、誰が私を殺せと仕向けたのだ？」

8 男は体を震わせた。

9「おまえの父親とそのめかけだよ」

10 キルトンは深い悲しみに陥った。去らなくてはならないと思い、母のところへ行った。キルトンは泣いていた。母も泣きながら「どうしても行かなければならないのかい？」と聞いた。キルトンは母にあいさつをして家を出た。

11 歩いているキルトンの前に男たちが現れ、道をふさいだ。

12「金を出せ」

13 男たちは盗賊であった。

---

5 **-냐**：～なのか？　**지르다**：(声を)張り上げる、叫ぶ

9 **첩**(妾)：めかけ

10 **-니**：～なの？

12 **내놓다**：出す、差し出す

13 **도적**：盗賊

14 길동이 "후!" 하고 바람을 **불었더니** 여러 명의 길동이 생겼다. 여기저기에서 길동이 나타나 **"네 이놈들!"** 하고 소리를 쳤다.

15 도적들이 모두 놀라 머리를 **숙였다**.

16 "잘못했습니다."
[잘모탣씀니다]

17 "저희들의 **대장**이 되어 주십시오."

[14] キルトンが「ふっ！」と息を吹くと何人ものキルトンが現れた。あちらこちらからキルトンが現れ「おい、おまえら！」と大声を張り上げた。

[15] 盗賊たちは皆、驚き頭を下げた。

[16]「申し訳ございません」

[17]「われわれの大将になってください」

---

[14] **-었더니**：～したところ　**네 이놈들**：おい、この野郎。네は너（おまえ）に～가が付く形だが、～가が付かずに用いられることもある

[15] **숙이다**：（頭を）下げる

[17] **대장**：大将

18 그날 이후 도적들의 대장이 된 길동은 도술을 이용해 비싼 보물들을 **훔쳤다**. **부자**들은 눈을 **뜨고도** 당할 수밖에 없었다.

19 길동은 훔친 보물들을 돈이 없는 사람들에게 주었다. 어느새 길동의 이야기를 모르는 사람이 없었고, **가난한** 사람들의 **영웅**이 되어 있었다. 사람들은 "**지난밤**에는 우리 집에 홍길동님이 오셨어." 하고 **자랑했다**.

20 나라에서는 길동 때문에 머리가 아팠다. 그를 잡기 위해 모든 방법을 썼지만 **소용이 없었다**.

21 왕이 길동의 아버지와 형을 불러 물었다.

22 "어떻게 하면 **좋겠소**?"
[어떠케] [조켄쏘]

23 "이 모든 것이 아무것도 할 수 없는 길동의 신분 때문이니, 그 아이를 제 아들로 **인정하고**, 출세할 수 있게 하면 될 것입니다."
[될 꺼심니다]

24 아버지가 말했다.

18 その日以降、盗賊たちの大将になったキルトンは道術を利用し、高価な財宝を盗んだ。金持ちたちは目を開けていてもやられるしかなかった。

19 キルトンは盗んだ財宝をお金のない人々にあげた。もはやキルトンの話を知らぬ者はおらず、貧しい人々の英雄となっていた。人々は「昨夜、うちにホン・ギルトンさまがいらしたよ」と自慢した。

20 国ではキルトンのせいで頭が痛かった。彼を捕まえるためにあらゆる方法を使ったが無駄であった。

21 王がキルトンの父親と兄を呼んで聞いた。

22「どうすればいいのだ？」

23「全てのことが何もできないキルトンの身分のせいなので、あの子を私の息子と認め、出世できるようにすればいいでしょう」

24 父が言った。

---

18 **훔치다**：盗む　**부자**（富者）：金持ち　**-고도**：～してもなお

19 **가난하다**：貧しい、貧乏だ　**영웅**：英雄　**지난밤**：昨夜　**자랑하다**：自慢する、誇る

20 **소용이 없다**（所用- --）：役に立たない、無駄だ

22 **-소**：～です、～ですか。하오体の終止形語尾

23 **인정하다**：認定する、認める

25 왕이 하는 수 없이 그렇게 하기를 **허락했다**.
[그러케] [허라캗따]

26 아버지와 형이 길동을 찾아가서 "나를 이제부터 아
버지라고 하여도 좋다."라고 했다.

27 길동의 형도 "나를 이제부터 형이라고 하여도 된다."
라고 했다.

28 길동의 마음에 눈물이 흘렀다.

29 도적들을 떠나 **서울**로 올라와, 나라의 높은 사람이
되었고 많은 일을 했다.
[마는 니를]

30 길동에게는 이제 새로운 세상이 필요했다. 바다를 건
너 먼 남쪽으로 떠났는데, 그곳에 아주 아름다운 땅이
있었다.

31 길동은 그곳에서 왕이 되었다. 나라의 이름은 '**율도**
[율또]
국'이었다.

25 王は仕方なく、そうすることを許可した。

26 父と兄はキルトンに会いに行き「私をこれからお父さんと呼んでもいい」と
言った。

27 キルトンの兄も「私をこれからお兄さんと呼んでもよい」と言った。

28 キルトンの心に涙が流れた。

29 盗賊たちから離れ、都に上京し、国の偉い人になり多くの仕事をした。

30 キルトンには今や、新しい世界が必要だった。海を渡り遠い南の方へ去っ
たのだが、そこにとても美しい土地があった。

31 キルトンはそこで王になった。国の名前はユルトグク(栗島国)であった。

---

25 **허락하다** (許諾--):許す

29 **서울**:都、首都

31 **율도국**:栗島国。『洪吉童伝』において描かれた架空の国。洪吉童が征服し、王となった

13 춘향전

TR13

1 **서울**에 사는 이몽룡[이몽뇽]은 어느 해 아버지를 따라 **남원**으로 내려갔다. 경치 좋은 **광한루**[광할루]에서 구경을 하며 시간을 보내고 있었는데[이썬는데], 멀리서 한 여자가[한 녀자] **그네**를 **뛰는** 모습이 보였다.

2 이 마을에서 제일 예쁜 춘향이었다. 하늘 높이 오르는 춘향의 모습은 한 마리 **나비**와도 같았다. 몽룡은 **첫눈에**[천누네] 좋아하게 되었다.

3 몽룡이 춘향에게 말을 걸었다.

4 "나는 서울에서 온 이몽룡이요. **심심하니**, 같이[가치] 놉시다."

5 "흥! **도련님**은 공부**나** 하시는 게 **어떠시오**?"

6 춘향이 싫다고[실타고] 한다. 하지만 그 다음 날도, 또 그 다음 날도 계속해서[게소캐서] 몽룡은 춘향에게 말을 걸었다.

春香伝(チュニャン)

全羅北道の南原を舞台に、両班と妓女という身分の差を乗り越えて貫かれる若き男女の純愛を描いた物語。原作は朝鮮王朝時代から伝わる古典小説で、パンソリの題目としても歌い継がれた物語を小説にしたもの。

1 都に住むイ·モンリョン(李夢竜)は、ある年、父と共に南原へ下った。景色の良い広寒楼で見物をしながら時間を過ごしていたのだが、遠くで一人の女性がブランコに乗る姿が見えた。

2 この村で一番美しいチュニャン(春香)であった。空高く上がるチュニャンの姿は1匹のチョウのようでもあった。モンリョンは一目で好きになった。

3 モンリョンはチュニャンに話し掛けた。

4「私は都から来たイ·モンリョンです。退屈だから一緒に遊びましょう」

5「ふん!　若旦那さまはお勉強でもなされたらどうですか?」

6 チュニャンは嫌だと言う。しかし次の日も、また次の日も引き続きモンリョンはチュニャンに話し掛けた。

1 **서울**:都、首都　**남원**:南原。全羅北道の都市　**광한루**:広寒楼。朝鮮王朝時代初期(15世紀初頭)に、南原に建てられた楼閣。『春香伝』の舞台として広く知られる　**그네**:ブランコ、鞦韆　**뛰다**:跳ねる、ブランコに乗る

2 **나비**:チョウ　**첫눈에**:一目で、一目見て

4 **심심하다**:つまらない、退屈だ

5 **도련님**:ぼっちゃん、若旦那さま。他人の息子を敬って呼ぶ言葉　**~나**:~でも　**-오**:~です、~ですか。하오体の終止形語尾

7 매일 사랑의 편지를 써서 보냈다. 춘향은 **답장**을 써서 싫다고 했는데, 그 문장이 **뛰어났다**.

8 "난 **그대**같이 예쁜 아가씨는 본 적이 없어요. 또한 그대같이 **학문**[항무니]이 깊은 아가씨도 본 적이 없어요."

9 "내가 **기생**의 딸**이라고** **만만해** 보입니까?"

10 몽룡은 싫다고 하는 춘향이 귀엽고, 춘향은 계속되는 그의 용기가 마음에 들었다.

7 毎日、愛の手紙を書いて送った。チュニャンは返事を書いて嫌だと言ったのだが、その文章は優れていた。

8「私はあなたのように美しい女性を見たことがありません。またあなたのように学識が深い女性も見たことがありません」

9「私が妓生の娘だからと軽く見ているのですか？」

10 モンリョンは嫌だと言うチュニャンがかわいく、チュニャンはずっと続く彼の勇気が気に入った。

---

7 **답장**（答状）：（手紙の）返事　**뛰어나다**：優れている

8 **그대**：あなた　**학문**：学問

9 **기생**：妓生（キーセン）、芸妓　**～이라고**：～だと、～だからと　**만만하다**：柔らかい、手強くない

11 춘향은 **차츰** 몽룡을 좋아하게 되었다. 둘은 곧 서로 사랑했다. 몽룡은 밤마다 춘향의 방을 찾아가 더 뜨겁게 사랑했다.

12 춘향은 **은퇴한** 기생 월매의 딸이다. 그러나 아버지가 **양반**이어서 반은 양반이다. 월매는 춘향과 사이가 좋은 몽룡을 예뻐하는데, **신분**의 차이 때문에 걱정했다. 그러나 두 사람은 부부가 되기로 약속하고 **손가락을 걸었다**.
[약쏘카고] [손까라글]

13 갑자기 **이별**이 찾아왔다. 몽룡이 아버지를 따라 서울로 돌아갔기 때문이다. 떠나면서 몽룡은 반드시 다시 오겠다고 약속했다. 춘향은 기다리겠다고 대답했다.
[대다팯따]

14 **그로부터** 3년의 세월이 흘렀다. 새 **부사**가 춘향의 마을에 왔는데, 그만 춘향의 아름다움에 **마음을 잃었다**.

15 부사는 춘향의 마음을 얻기 위해 매일 찾아갔지만 춘향은 "저는 남편이 있는 여자입니다." 하고 마음을 닫았다.

11 チュニャンは次第にモンリョンを好きになった。二人はすぐ互いに愛し合った。モンリョンは毎晩チュニャンの部屋を訪れ、より熱く愛し合った。

12 チュニャンは引退した妓生、ウォルメ（月梅）の娘である。しかし父が両班なので半分は両班である。ウォルメはチュニャンと仲の良いモンリョンをかわいがるのだが、身分の違いから心配した。しかし二人は夫婦になることを約束し指切りをした。

13 突然、別れが訪れた。モンリョンが父と共に都に帰ったからだ。去るときにモンリョンは必ずまた来ると約束した。チュニャンは待つと答えた。

14 それから3年の歳月が流れた。新しい府使がチュニャンの村に来たのだが、すぐにチュニャンの美しさに心を奪われてしまった。

15 府使はチュニャンの心を引くために毎日訪ねていったが、チュニャンは「私は夫がいる女です」と心を閉ざした。

---

11 **차츰**：次第に

12 **은퇴하다**（隠退--）：引退する、隠居する　**양반**：両班（ヤンバン）。官僚制度に起源を持つ、上位身分階級。科挙を受けることができた。現代では男性に対する呼称として使われることがある　**신분**：身分　**손가락을 걸다**：指切りをする

13 **이별**（離別）：別れ

14 **～로부터**：～から　**부사**：府使。地方官吏の役職の一つ　**마음을 잃다**：心を失う、心を奪われる

16 부사는 기분이 나빴다. 어떻게[어떠케] 해서든 춘향을 가지고 싶었다.

17 "**네 이년**, 춘향아! 어떻게 나를 싫다고 **하느냐**? 너를 그 남자에게 보내지 않을 것이다[아늘 꺼시다]."

18 부사는 춘향을 잡아 놓고[노코], 풀어 주지 않았다.

19 "내 여자가 되지 않겠다면[안켇따면], 내가 너를 죽이겠다."

20 새 부사는 매일 **잔치**를 하고, 술을 마시며 춘향을 **괴롭혔다**[괴로펻따].

21 드디어 몽룡이 나타났다. 그러나 완전히 **거지**의 모습이다. 월매가 **혀를 찼다**.

22 "아이고, 불쌍한 우리 춘향이. 이 거지를 기다리고 **있었다니**, 아이고…"

23 "나 배가 고파 죽겠어요. 밥 한 그릇만[그른만] 주시면 안 될까요?"

24 월매는 이런 몽룡을 보고 **절망했다**.

[16] 府使は気分が悪かった。どうにかしてチュニャンを手に入れたかった。
[17]「おい、この女！　チュニャン！　よくも私が嫌だと言えるな。おまえをその男には渡すまい」
[18] 府使はチュニャンを捕まえておき、放してやらなかった。
[19]「私の女にならないと言うなら、私がおまえを殺す」
[20] 新しい府使は毎日うたげを開き、お酒を飲んではチュニャンを苦しめた。

[21] ついにモンリョンが現れた。しかし完全にこじきの姿だ。ウォルメが舌打ちした。
[22]「あらまあ、かわいそうなうちのチュニャン。このこじきを待っていたとは、まあ……」
[23]「私、おなかがすいて死にそうです。ご飯1杯だけもらってはいけませんか？」
[24] ウォルメはこんなモンリョンを見て絶望した。

[17] **네 이년**：おい、この女　**-느냐**：～するのか？
[20] **잔치**：うたげ、宴会　**괴롭히다**：いじめる
[21] **거지**：こじき　**혀를 차다**：舌打ちする
[22] **-다니**：～だなんて
[24] **절망하다**：絶望する

25 몽룡이 잡혀 있는 춘향을 찾아갔다.
[자펴]

26 "춘향아, 나다. 네 **서방** 몽룡이."

27 "어머나, **서방님**."

28 춘향이 몽룡을 보고 웃다가, 모습을 보고 깜짝 놀
[깜짝 놀
랐다.
랃따]

29 "서방님, 공부가 잘 안 되었나 보네요. 서방님이 잘되
[되언나]
기를 그렇게 **빌었는데**…"
[그러케]

30 "이렇게 되어 미안하다."
[이러케]

31 "아니에요. 그래도 오셨으니 됐어요."

32 "춘향아!"

33 몽룡은 눈물을 닦으며 **돌아섰다**.

34 잠시 후 밖에서 **싸우는 듯한** 소리가 났다.
[드탄]

35 "**암행어사 출두**야!"
[출뚜]

[25] モンリョンが捕まっているチュニャンに会いに行った。

[26]「チュニャン、私だ。君の夫、モンリョンだ」

[27]「まあ、旦那さま」

[28] チュニャンがモンリョンを見て笑っていたが、姿を見てびっくりした。

[29]「旦那さま、お勉強が駄目だったようですね。旦那さまがうまくいくことをあれだけ祈ったのに……」

[30]「このようになってしまい、すまない」

[31]「いいえ。それでもいらしたのでいいのです」

[32]「チュニャンよ！」

[33] モンリョンは涙を拭いて振り返った。

[34] しばらくして、外で争うような声がした。

[35]「暗行御史、出頭だ！」

---

[26] **서방** (書房)：夫、亭主

[27] **서방님** (書房-)：旦那さま。自分の夫に対する敬称

[29] **빌다**：祈る、請う

[33] **돌아서다**：振り返る、振り向く

[34] **-는 듯하다**：～するようだ

[35] **암행어사**：暗行御史。国王の命令を受けて地方官吏の政務を監察し、不正を摘発する官吏
출두：出頭。暗行御史が身分を明かす際の決まり文句

36 어사가 나타나 부사를 **체포했다**. **죄목**은 **권력**을 이용
[궐려글]
한 **부당한 탄압**과 **낭비**였다.

37 어사는 또 **묶여** 있는 춘향을 불렀다. 그는 **부채**로 얼굴을 **가리고** 춘향에게 물었다.

38 "네가 끝까지 부사를 거절한 춘향**이냐**? 그럼 나는 어떠냐?"

39 "싫습니다. 저는 다른 사람의 여자입니다. 저를 그냥
[실씀니다]
죽이세요."

40 어사가 큰 소리로 웃었다.

41 "나를 보아라, 춘향아. 나다."

42 춘향이 어사의 얼굴을 보니, 몽룡이었다. 춘향은 눈물을 흘리고, 월매는 기뻐서 춤을 추었다.

43 춘향과 몽룡은 곧 결혼했다. 그리고 오랫동안 잘 살았다.

36 御史が現れ府使を逮捕した。罪名は権力を利用した不当な弾圧と浪費だった。

37 御史はさらに、縛られているチュニャンを呼んだ。彼は扇子で顔を覆いチュニャンに聞いた。

38「おまえが最後まで府使を拒絶したチュニャンか？　それなら私はどうだ？」

39「嫌です。私は他の人の女です。私をそのまま殺してください」

40 御史が大きな声で笑った。

41「私を見なさい、チュニャン。私だ」

42 チュニャンが御史の顔を見ると、モンリョンであった。チュニャンは涙を流し、ウォルメはうれしくて踊った。

43 チュニャンとモンリョンはすぐ結婚した。そして長い間、仲良く暮らした。

---

36 **체포하다**：逮捕する　**죄목**(罪目)：罪状、罪名　**권력**：権力　**부당하다**：不当だ　**탄압**：弾圧　**낭비**：浪費

37 **묶이다**：縛られる　**부채**：扇　**가리다**：覆う、隠す

38 **-냐**：～なのか?

14 만복사저포기

TR14

1 전라도 **남원**에 젊은 **양생**이 살고 있었다. 양생은 만복
[절라도]
사라는 절에 살았다. 아직 결혼하지 못한 양생은 매일
[모탄] [매일
밤 여자를 생각하는 마음에 잠을 잘 수 없었다.
빰] [생가카는] [잘 쑤]

2 밖에 나가 꽃을 보며, 외로움을 잊고 싶어 하는데, 갑자기 **어디선가 부처님**의 목소리가 들렸다.

3 "이제 너는 좋은 여자를 만날 것이다."
[조은 녀자] [만날 꺼시다]

4 이 말을 듣고 양생이 부처님께 말했다.

5 "부처님, 지금부터 부처님과 저포놀이를 하겠습니다. 만일 제가 이기면 예쁜 여자를 만나게 해 주세요."

6 양생이 저포를 던져서 이겼다. '이제 나에게도 좋은 여자가 생기겠지.' 하면서 기다렸다.

7 그런데 이때 정말로 예쁜 여자가 걸어 들어오는 것이 보였다. 여자가 앉아서, "왜 나는 남자가 없을까?" 하

萬福寺すごろく記

一人寂しく暮らす男の元に突如現れた女性との切ない恋の物語。原作は朝鮮王朝初期の文人、김시습（金時習、1435～93）によって書かれた漢文短編小説集『금오신화（金鰲新話）』の中に収録されている。

1 全羅道南原に若いヤンセン（梁生）が住んでいた。ヤンセンは萬福寺という寺に住んでいた。まだ結婚できていないヤンセンは、毎晩、女性を思う気持ちから眠れなかった。

2 外に出て花を見て、寂しさを忘れようと思っていると、突然どこからか仏様の声が聞こえた。

3「もうすぐおまえはいい女性に会うだろう」

4 この言葉を聞いてヤンセンが仏様に言った。

5「仏様、今から仏様とチョポノリ（すごろく遊び）をします。もし私が勝てば、美しい女性に出会えるようにしてください」

6 ヤンセンがチョポを投げて勝った。「これで私にもいい女ができるだろう」と思いながら待った。

7 すると、この時本当に美しい女性が歩いて入ってくるのが見えた。女性が座って「なぜ、私には男の人がいないのかしら？」とため息をついた。

만복사：萬福寺　**저포**（樗蒲）：チョポ、すごろくに似た遊戯。またチョポで用いる平たい板。これを5枚投げ、出た裏表によって駒を進める。現代韓国の윷놀이（ユンノリ）にも似る

1 **남원**：南原。全羅北道の都市　**양생**（梁生）：ヤンセン。登場人物の名前。-생は姓の後に付けて若者を表す接尾辞

2 **어디선가**：どこからか　**부처님**：仏様

고 한숨을 쉬었다.

8 젊고 예쁜 아가씨를 처음 본 양생은 뛰어나가 여자를 잡았다. 두 사람은 그날 밤을 같이 보냈다.
[점꼬] [가치]

9 다음 날 밤, 여자가 **시녀**에게 말했다.

10 "부처님의 뜻으로 좋은 사람을 만나 부부가 되었어. 정말 기뻐. 그분과 술을 마셔야겠어."

11 그래서 양생과 여자는 술을 마셨는데, 여자가 주는 술은 이 세상의 것이 아닌 것처럼 맛있었다.
[마션는데]

12 양생과 여자는 그 밤에도 역시 사랑했다.

13 그런데 갑자기 여자가 말했다. "사실, 저는 이 세상 사람이 아닙니다. 이제 갈 때가 되었어요."

14 여자는 양생에게 **은잔** 하나를 주고 떠났다.

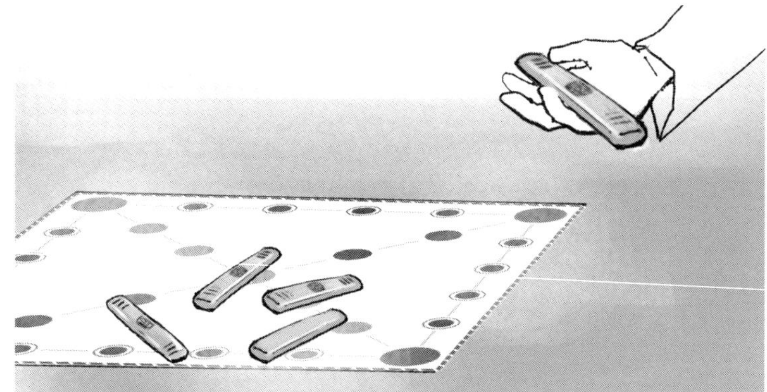

8 若くて美しい女性を初めて見たヤンセンは飛び出していき、女性をつかまえた。二人はその夜、共に過ごした。

9 次の日の夜、女性は下女に言った。

10「仏様のおかげでいい人に出会い夫婦になったわ。本当にうれしい。あのお方とお酒を飲まなければ」

11 そしてヤンセンと女性はお酒を飲んだのだが、女性がくれる酒はこの世のものとは思えないほどおいしかった。

12 ヤンセンと女性はその夜もやはり愛し合った。

13 ところが突然、女性が言った。「実は、私はこの世の人間ではありません。もう行く時になりました」

14 女性はヤンセンに銀杯を一つあげ、去った。

---

9 **시녀**：侍女、下女

14 **은잔**(銀盞)：銀杯

15 다음 날 양생은 절에서 어느 부부를 만났다.

16 그 부부는 양생이 가지고 있는 은잔을 보고 깜짝 놀
[인는]
랐다.

17 "그 잔은 우리 딸의 것인데, 어떻게 된 일입니까?"
[어떠케] [된 니림니까]

18 부부는 바로 여자의 부모였던 것이다. 양생은 여자와
의 일을 모두 이야기했고 부부는 눈물을 흘렸다.

19 "하나밖에 없는 딸이었어요. 지금까지는 **제사**도 안 지
[엄는]
냈는데, 이제는 정말로 마음속에서 보내려고 합니다.
[마음쏘게서]
부디 내 딸을 잊지 말아 주세요."

20 양생은 여자가 하늘로 떠난 후, 매일 저녁 제사를 지
냈다. 양생은 그녀가 보고 싶어서 하루하루 힘들었다.

21 그런데 어느 날, 하늘에서 그녀의 목소리가 들렸다.

22 "**서방님**이 저에게 주신 사랑에 감사해요. 저는 지금
먼 나라에서 남자로 다시 태어났어요."

23 이 말을 들은 후, 양생은 산으로 들어갔다. 그는 **평생**
결혼하지 않았고, 그를 봤다는 사람도 아무도 없었다.

15 翌日、ヤンセンは寺で、ある夫婦に会った。

16 その夫婦はヤンセンが持っている銀杯を見て驚いた。

17「その銀杯は私たちの娘のものですが、どういうことでしょうか?」

18 夫婦はまさしく女性の親だったのだ。ヤンセンは女性とのことを全部話し、夫婦は涙を流した。

19「一人しかいない娘でした。今までは祭祀も行わなかったのですが、今となっては本当に心の中から送ってあげようと思います。どうか、私の娘を忘れないでください」

20 ヤンセンは女性が天に去った後、毎晩、祭祀を行った。ヤンセンは彼女に会いたくて毎日苦しかった。

21 ところがある日、空から彼女の声が聞こえた。

22「旦那さまが私に下さった愛情に感謝します。私は今、遠い国で男性として再び生まれました」

23 この言葉を聞いた後、ヤンセンは山に入った。彼は生涯結婚せず、彼を見たという人も誰もいなかった。

---

19 **제사**:祭祀、チェサ。先祖や故人への感謝を込めて行う儒教の儀式　**부디**:どうか

22 **서방님**(書房-):旦那さま

23 **평생**(平生):一生

本書で使われているハン検4・5級レベルの語尾・表現

本書で使われているハン検4・5級レベルの語尾・表現をまとめました（가나다順）。
本文を読み進めながら分からない語尾・表現があったときにご参照ください。

~가 되다	～になる
~가 아니다	～ではない
~ 같다	～のようだ
-거든요	～するんです、～なんです
-겠-	〈意志を表す語尾〉、〈推測や控えめな気持ちを表す語尾〉
-고	～して、～で、～してから
-고 싶다	～したい
-고 싶어 하다	～したがる
-고 있다	～している
~과 같다	～のようだ
-기 때문에	～するので、～なので
-기 전에	～する前に
-ㄴ[1]	〈形容詞・指定詞に付いて名詞を修飾〉～（な）…
-ㄴ[2]	〈動詞に付いて名詞を修飾〉～した…
-ㄴ 것[1]	〈形容詞・指定詞に付いて〉～（な）こと、～（な）もの
-ㄴ 것[2]	〈動詞に付いて〉～したこと、～したもの
-ㄴ 끝에	～した揚げ句、～した末に
-ㄴ 다음	～した後に
-ㄴ 뒤	～した後に
-네	〈感嘆〉～するなあ、～（だ）なあ、～するね、～（だ）ね
-는	〈動詞に付いて名詞を修飾〉～している…、～する…
-는 것	〈動詞に付いて〉～すること、～するもの
-ㄹ	〈用言に付いて名詞を修飾〉～する…、～（な）…
-ㄹ 거예요	～（する）でしょう、～するつもりです
-ㄹ게요	〈意志〉～しますよ
-ㄹ까	～しようか、～するだろうか、～だろうか
-ㄹ 때	～するとき、～しているとき、～（な）とき

~라고	～（だ）と
~라고 하다	～と言う、～と申す
-려고	～しようと
-려고 하다	～しようとする、～しようと思う
-려면	～しようとするなら
-면	～すれば、～ならば、～するならば
-면 되다	～すればいい、～であればいい、～ければいい
-면 안 되다	～してはいけない
-ㅂ시다	～しましょう、～してください
-십시오	～してください
-아	～して、～で、～くて
-아 가다	～していく
-아도	～しても、～でも、～くても
-아도 되다	～してもよい、～でもよい、～くてもよい
-아도 좋다	～してもよい、～でもよい、～くてもよい
-아 보다	～してみる
-아서	～して、～で、～くて、～するので、～（な）ので
-아야 하다	～しなければならない、～（で）なければならない
-아 있다	～している
-아 주다	～してあげる、～してくれる
-았던	～した…、～だった…、～かった…
-어	☞ -아
-어 가다	☞ -아 가다
-어도	☞ -아도
-어도 되다	☞ -아도 되다
-어도 좋다	☞ -아도 좋다
-어 보다	☞ -아 보다
-어서	☞ -아서
-어야 하다	☞ -아야 하다
-어 있다	☞ -아 있다
-었던	☞ -았던

~와 같다	☞ ~과 같다
-으려고	☞ -려고
-으려고 하다	☞ -려고 하다
-으려면	☞ -려면
-으면	☞ -면
-으면 되다	☞ -면 되다
-으면 안 되다	☞ -면 안 되다
-으십시오	☞ -십시오
-은[1]	☞ -ㄴ[1]
-은[2]	☞ -ㄴ[2]
-은 것[1]	☞ -ㄴ 것[1]
-은 것[2]	☞ -ㄴ 것[2]
-은 끝에	☞ -ㄴ 끝에
-은 다음	☞ -ㄴ 다음
-은 뒤	☞ -ㄴ 뒤
-을	☞ -ㄹ
-을 거예요	☞ -ㄹ 거예요
-을게요	☞ -ㄹ게요
-을까	☞ -ㄹ까
-을 때	☞ -ㄹ 때
-읍시다	☞ -ㅂ시다
~이 되다	☞ ~가 되다
~이라고	☞ ~라고
~이라고 하다	☞ ~라고 하다
~이 아니다	☞ ~가 아니다
-잖아요	～（する）じゃないですか
-지 마세요	〈命令〉～するのをやめてください
-지만	～するが、～（だ）が
-지 못하다	～することができない
-지 않다	～しない、～でない、～くない
-지요	～しましょう、でしょう、～しますか、～ですか、～しますよ、～ですよ

本書に収めた作品の掲載誌一覧

本書に収めた作品の初出掲載誌を記しました。

□書き下ろし作品

1 アマガエルのお話
2 トラと干し柿
3 仙女ときこり
4 トッケビの帽子
5 コンジとパッチ
6 お日さまとお月さま

□『多読多聴の韓国語 対訳韓国の古典』（2013年1月発行）から

※かっこ内は初出時のタイトル

7 ウサギ伝
8 興夫伝
9 沈清伝
10 許生伝
11 薔花紅蓮伝
（チャンファ、ホンリョン）
12 洪吉童伝
13 春香伝
14 萬福寺すごろく記
（萬福寺樗蒲記）

多読多聴の韓国語

やさしい韓国語で読む
韓国の昔ばなし

2020年3月1日　初版発行
2022年11月11日　3刷発行

編　者　韓国語学習ジャーナルhana編集部

韓国語執筆　李善美
デザイン　木下浩一（アングラウン）
ＤＴＰ　宗像香
イラスト　河美香
CDプレス　イービストレード株式会社
印刷・製本　中央精版印刷株式会社

発行人　裵正烈

発　行　株式会社HANA
〒102-0072 東京都千代田区飯田橋4-9-1
TEL：03-6909-9380　FAX：03-6909-9388
E-mail：info@hanapress.com

発行・発売　株式会社インプレス
〒101-0051 東京都千代田区神田神保町一丁目105番地

ISBN978-4-295-40405-7 C0087　

●本の内容に関するお問い合わせ先
HANA書籍編集部　TEL: 03-6909-9380　FAX: 03-6909-9388

●乱丁本・落丁本の取り替えに関するお問い合わせ先
インプレス カスタマーセンター　FAX: 03-6837-5023
E-mail: service@impress.co.jp
※古書店で購入されたものについてはお取り換えできません。